Die Deutsche Bibliothek – CIP-Einheitsaufnahme

Bauersfeld, Monika:
Neue Wege im Schnelligkeitstraining/
Monika Bauersfeld; Gerald Voß.
(Deutscher Sportbund, Bundesausschuß Leistungssport).
Münster: Philippka, 1992 (Trainerbibliothek, 28)
ISBN 3-922067-92-1

NE: Voß, Gerald

ISBN 3-922067-92-1

© 1992 by Philippka-Verlag, D-4400 Münster
Erschienen als Band 28 der Reihe „Trainerbibliothek"
Lektorat: Dietrich Späte, Werner Böwing
Zeichnungen: Monika Bauersfeld, Gerald Voß
Titelfoto: Bongarts
Übrige Fotos: C. Bergmann (S. 11), Bongarts (S. 43)
Gesamtherstellung: Gebrüder Lensing Verlagsanstalt GmbH & Co. KG Münster

Monika Bauersfeld · Gerald Voß

Neue Wege im Schnelligkeitstraining

Schriftenreihe „Trainerbibliothek" des dsb-Bundesausschusses Leistungssport (BA-L)

Band 6:
Tomasz Lempart
Die XX. Olympischen Spiele München 1972. Problem des Hochleistungssports
1973, 15x21 cm,
207 Seiten **DM 7,80**

Band 11:
Bernd Kuchenbecker
Hallenhandball-Abwehrsysteme
2., verb. Auflage 1977 **DM 15,–**

Band 14:
Ballreich/Baumann
Biomechanische Leistungsdiagnostik
Ziele – Organisation – Ergebnisse, 1. Aufl. 1983 **DM 28,–**

Band 18:
Lempart/Spitz
Probleme des Hochleistungssports
Olympische Analyse
Montreal 1976, 1979 **DM 7,80**

Band 19:
H. Gabler/H. Eberspächer/ E. Hahn, J. Kern/G. Schilling
Praxis der Psychologie im Leistungssport
1979, statt DM 40,– **DM 19,80**

Band 23:
D. Ehrich/R. Gebel
Aufbautraining nach Sportverletzungen
Muskuläres Aufbautraining nach Knie- und Fußverletzungen, 3. Aufl. 1992 **DM 37,80**

Band 24:
K. Zieschang/W. Buchmeier
Über den Umgang mit Sportjournalisten
1986, 112 Seiten **DM 9,80**

Band 25:
Westphal u. a.
Entscheiden und Handeln im Sportspiel
1987, 176 Seiten **DM 15,80**

Band 26:
Grau/Möller/Rohweder
Erfolgreiche Strategien zur Problemlösung im Sport
1990, 136 Seiten **DM 24,80**

Band 27:
U. Fuchs/M. Reiß
Höhentraining
1991, 128 Seiten **DM 24,00**

Band 28:
M. Bauersfeld/G. Voß
Neues Schnelligkeitstraining
1992, ca. 112 Seiten **DM 28,80**

Band 29:
J. V. Veschoshanskij
Moderne Aspekte der Trainingsorganisation in den zyklischen Sportarten (Arbeitstitel)
in Vorbereitung

Philippka-Verlag
Postfach 6540
D-4400 Münster

Tel. 02 51/2 30 05-0
Fax 2 30 05-99

philippka

DIE GUTEN SEITEN DES SPORTS

Inhalt

Zu diesem Buch.. 7
Vorbemerkungen.. 9

Theorieteil   11

Grundlegende Aussagen zur Schnelligkeit............................ 12
Leistung und Schnelligkeit.. 12
Die Stellung der Schnelligkeit im System der Fähigkeiten................. 13
Ausgewählte biologisch-physiologische Voraussetzungen der Schnelligkeit
und ihre Widerspiegelung in Trainingsorientierungen..................... 14
Das Zeitprogramm – ein Ausdruck der elementaren Schnelligkeit........ 16
Azyklisches und zyklisches Zeitprogramm.............................. 16
Übertragbarkeit von Zeitprogrammen.................................. 28
Zeitprogramme bei Bewegungen mit hohen Geschwindigkeitsanforderungen.. 30
Wechselbeziehungen zwischen Zeitprogramm und Kraft................... 33
Ermüdbarkeit und Stabilität von Zeitprogrammen....................... 35

Praxisteil   43

Zur Vervollkommnung des Schnelligkeitstrainings..................... 44
Elementares Schnelligkeitstraining.................................... 47
Motivation im Schnelligkeitstraining................................... 61
Komplexes Schnelligkeitstraining..................................... 66
**Ausgewählte trainingsmethodische Orientierungen
für die Gestaltung des Schnelligkeitstrainings**......................... 84
Diagnose und Steuerung des Schnelligkeitstrainings..................... 87

Ausgewählte Literatur... 97

Zu diesem Buch

Die zentrale Aufgabe des Trainers im Leistungssport besteht darin, seine Athleten auf sportliche Wettkämpfe so vorzubereiten, daß sie auf der Grundlage ihres genetischen Potentials persönliche Bestleistungen bringen können. Waren in den letzten Jahren Leistungsfortschritte lediglich mit einer Erhöhung des Trainingsumfangs in Zusammenhang zu bringen, so ist diese Reserve heute erschöpft. Weitere Leistungssteigerungen werden nicht mehr durch größere Trainingsumfänge abgesichert — als leistungsbestimmendes Element rückt zunehmend die Qualität und damit die Effektivität des Trainings in den Mittelpunkt.

Der vorliegende Band zeigt neue Wege auf, die eine effektive Ausbildung der Schnelligkeit gewährleisten.

Es ist unbestritten, daß die Schnelligkeit für nahezu alle Sportarten eine wesentliche Leistungsvoraussetzung darstellt. Hohe sportliche Leistungen sind ohne ein gewisses Niveau der Schnelligkeit nicht möglich. Eine ausgeprägte Schnelligkeit ist aber nicht nur für Sprintdisziplinen der zyklischen Sportarten entscheidend. Auch für eine Vielzahl azyklischer Disziplinen — z.B. die Sprung- und Wurfdisziplinen der Leichtathletik —, außerdem für die Zweikampfsportarten, die technisch-kompositorischen sowie die Spielsportarten ist sie leistungsbestimmend. Selbst in den Ausdauerdisziplinen gewinnt die Schnelligkeit zunehmend an Bedeutung.

Der anerkannt hohe Stellenwert der Schnelligkeit für das Zustandekommen sportlicher Spitzenleistungen findet in der Fachliteratur — im Vergleich zu anderen Leistungsvoraussetzungen — keine Entsprechung: Der Themenbereich Schnelligkeit/Schnelligkeitstraining wurde dort bisher unzureichend aufgearbeitet.

Dieses Buch nun baut das bestehende Defizit ab. Der Bereich Schnelligkeit/Schnelligkeitstraining wird erstmals in so komplexer Form behandelt. Die Autoren verfügen über mehr als 10jährige Forschungserfahrung — vorrangig im Nachwuchsbereich der ehemaligen DDR — zu den relevanten Fragestellungen zur Schnelligkeitsproblematik. Besonders hervorzuheben ist die Vielzahl der Trainingsexperimente, deren aufschlußreiche Ergebnisse letztlich zu einem neuen Gesamtbild der Leistungsvoraussetzung Schnelligkeit führen und den Rahmen für ein schlüssiges Konzept eines effizienten Schnelligkeitstrainings bilden. Der Großteil der Untersuchungen wurde in den Sportarten Leichtathletik, Radsport, Eisschnellauf, Turnen und Kampfsport durchgeführt.

Der Grundstein für eine ausgeprägte Schnelligkeit wird bereits im Nachwuchsbereich gelegt. Folglich richtet sich dieses Buch vor allem an im Nachwuchsbereich der verschiedenen Sportarten engagierte Trainer. Aber auch Trainer im Hochleistungsbereich, Trainingswissenschaftler und Sportler erhalten wertvolle Anregungen.

Wer vornehmlich nach fertigen „Rezepten" für das Training in seiner Sportart sucht, wird hingegen nicht alle seine Erwartungen erfüllt sehen. Die Autoren sprechen nämlich ganz bewußt den „kreativen" Trainer an, der bereit ist, sein bisher praktiziertes Schnelligkeitstraining zu überdenken und unter Berücksichtigung der Ausführungen in diesem Band neue Wege zu gehen. Denn daß weniger durchaus mehr sein kann, wird durch dieses Buch in beeindruckender Art und Weise belegt.

Bundesausschuß Leistungssport des DSB

Vorbemerkungen

Der Erfahrungsschatz der sportlichen Praxis sowie die Anstrengungen der Sportwissenschaft bewirkten in den letzten Jahren zahlreiche Verbesserungen in unterschiedlichen Teilbereichen des Trainingsprozesses. Immer mehr zeigt sich, daß über den Erfahrungsgewinn in der Praxis nur noch in begrenztem Maße neue Lösungen gefunden werden. Um Erkenntnislücken aufzudecken und für die weitere Leistungsentwicklung zu erschließen, ist ein noch engeres Zusammenwirken zwischen Praxis und Sportwissenschaft erforderlich. Das frühzeitige Erkennen neuer Entwicklungsakzente bringt Vorteile in der Leistungsentwicklung und im sportlichen Wettkampf.

Bestimmender Faktor für die weitere Entwicklung der Leistungen ist nicht mehr vorrangig die Ausdehnung des Trainingsumfanges, sondern vielmehr die Erhöhung der Trainingseffektivität. Die Auswahl wirksamer Trainingsmittel und -methoden, eine optimale Gestaltung des Verhältnisses von Umfang und Intensität sowie der sinnvolle Wechsel von Belastung und Erholung sind dabei wichtige Komponenten. Wesentliche Bedingungen dafür sind unter anderem die weitere Aufhellung der Struktur sportlicher Leistungen und das tiefere Eindringen in die Struktur einzelner Leistungsfaktoren sowie die Erarbeitung neuer, effektiverer Ausbildungsvarianten.

Bei der Kennzeichnung möglicher **Entwicklungsreserven** wird immer häufiger auf den unbefriedigenden Erkenntnisfortschritt zur **Schnelligkeit** und zum **Schnelligkeitstraining** in zahlreichen Sportarten und -disziplinen hingewiesen. Betrachtet man den Erkenntnisstand zur Schnelligkeit und zum Schnelligkeitstraining, so wird deutlich, daß diese Problemfelder in den letzten Jahren weniger als andere Leistungsvoraussetzungen Gegenstand wissenschaftlicher Untersuchungen waren. Dies liegt offensichtlich darin begründet, daß das Eindringen in die Struktur der Schnelligkeit gegenüber den anderen konditionellen Fähigkeiten — aufgrund der Kurzzeitigkeit der ablaufenden Prozesse, aber auch wegen der dazu erforderlichen Untersuchungstechnik — besondere Schwierigkeiten aufweist. Die Mehrzahl der Bearbeiter wendet sich sehr schnell den komplexen Auswirkungen der Schnelligkeit innerhalb von Leistungen und nicht ihrem inneren Wirkungsgefüge und den sie bedingenden Ursachen zu. Der oder die biologischen Merkmalsträger sind unzureichend bestimmt. Ihre Kenntnis ist jedoch eine wesentliche Voraussetzung für eine höhere Wirksamkeit der ausgewählten Trainingsmittel und -methoden.

Die Ausführungen zum Problemfeld Schnelligkeit/Schnelligkeitstraining in diesem Buch basieren auf grundlegenden Untersuchungen im Rahmen einer mehr als zehnjährigen, vorrangig im Nachwuchsbereich vorgenommenen Forschungsarbeit. Im Ergebnis entstanden neue Überlegungen zur Schnelligkeit und zum Schnelligkeitstraining.

Monika Bauersfeld   Gerald Voß

Theorieteil

Grundlegende Aussagen zur Schnelligkeit

Leistung und Schnelligkeit

Die Ergebnisse Olympischer Spiele, Welt- und Europameisterschaften, aber auch die ständige Verbesserung der Welt- und Europarekorde verdeutlichen eine dynamische Leistungsentwicklung, mit der auch in Zukunft zu rechnen ist. Die wachsende Leistungsdichte und das Vorhandensein einzelner, überragender Weltspitzenathleten werden die Dialektik dieses Entwicklungsverlaufs gleichermaßen kennzeichnen. Analysen und Prognosen gestatten folgende Aussagen über den zukünftigen Trend:

— Die weitere Leistungsentwicklung wird sich in ihrer Grundtendenz nicht wesentlich von der bisherigen unterscheiden. Sie wird teilweise sprunghaft, aber auch kontinuierlich verlaufen sowie von zeitweiligem Stillstand gekennzeichnet sein.

— Höhere Leistungen werden häufiger in gleicher, teilweise kürzerer Ausbildungszeit erreicht werden.

— Jugend- und Juniorenleistungen steigen an. In immer mehr Sportarten werden Weltspitzenleistungen schon am Ende des Jugend- und Juniorenalters erreicht (BAUERSFELD, K.H. 1985).

Diese Tendenzen erfordern neue Überlegungen zum Aufbau sportlicher Leistungen und zur Gestaltung der Ausbildung einzelner Leistungsvoraussetzungen.

Es kann davon ausgegangen werden, daß zu jenen Leistungsvoraussetzungen, die frühzeitig und differenziert ausgebildet werden müssen, die Schnelligkeit gehört. Ihre perspektivische Bedeutung zeigt sich in fast allen Sportarten.

— In Sportarten, in denen eine relativ kurze Strecke so schnell wie möglich zu bewältigen ist, ein Sprung möglichst hoch auszuführen oder ein Gerät so weit wie möglich zu werfen ist, werden höhere Leistungen von besseren Schnelligkeitsvoraussetzungen mitbestimmt.

— In den Zweikampfsportarten wird das Tempo der Aktionen und das schnelle Erfassen und Reagieren auf Aktionen des Gegners bei Zunahme der Handlungsdichte ein wesentliches Merkmal für den Erfolg sein.

— In den technisch-kompositorischen Sportarten ist die Schnelligkeit eine wesentliche Bedingung für neue schwierigere Elemente und Kombinationen.

— In den Sportspielen wird der Spieler erfolgreicher sein, der die Spielsituation schneller erfaßt, seine Spielaktionen schneller ausführt und auf Aktionen des Gegners schneller reagiert.

— Selbst in zahlreichen Ausdauersportarten wird durch die wachsende Bedeutung der Unterdistanzleistungsfähigkeit, aber auch durch die höheren Anforderungen an die Vortriebsleistung der Bezug zur Schnelligkeit hergestellt.

Die Schnelligkeit ist eine für viele Sportarten bedeutsame Leistungsvoraussetzung. Ohne ihre entsprechende Ausprägung sind hohe sportliche Leistungen nicht möglich. Sie ist eine notwendige, aber keine hinreichende Bedingung für hohe sportliche Leistungen.

Die Stellung der Schnelligkeit im System der Fähigkeiten

Die Einordnung der Schnelligkeit in das System der Fähigkeiten, ihre Wechselbeziehungen zu anderen Leistungsvoraussetzungen und ihr Bedingungsgefüge bei der Ausbildung werden in Theorie und Praxis sehr widersprüchlich betrachtet.

Die Ordnung der Fähigkeiten Kraft, Ausdauer und Schnelligkeit hat sich „historisch" nach den für die einzelnen Fähigkeiten vorrangig bestimmenden Organ- und Funktionssystemen manifestiert (Ausdauer — Herz-Kreislaufsystem; Kraft — Muskelsystem; Schnelligkeit — Nervensystem). Für Kraft und Ausdauer wurde dies durch zahlreiche wissenschaftliche Untersuchungen belegt.

Zur allgemeinen Abgrenzung der einzelnen Fähigkeiten und der damit in Verbindung stehenden Methodik zur effektiven Ausbildung kann einem solchen Vorgehen zugestimmt werden. Unter Berücksichtigung der Komplexität sportlicher Leistungen besitzt diese Betrachtungsweise allerdings deutliche Grenzen, da sie zu global ist. Ihre Probleme zeigen sich schon bei der Gegenstandsbestimmung der Schnelligkeit. Es wird meist davon ausgegangen, die Schnelligkeit als Fähigkeit zu bezeichnen, motorische Aktionen in einem unter gegebenen Bedingungen minimalen Zeitabschnitt zu vollbringen. In bezug auf die Einordnung der Schnelligkeit in das System der Fähigkeiten gehen die Auffassungen weit auseinander.

Sehr deutlich spiegelt sich dies im genutzten Begriffsspektrum wider (BAUERSFELD 1983). Es reicht von konditioneller Fähigkeit, konditionell-koordinativ determinierter Fähigkeit, maximal schneller Fortbewegung, koordinativer Leistung, komplexer Fähigkeit bis zum Synonym Sprint. Auch die Position, daß es die Schnelligkeit gar nicht gibt, ist vorhanden. Über fünfzig unterschiedliche Begriffe werden derzeit für ihre Beschreibung genutzt.

Bei dem Versuch, die benutzten Begriffe „Sammelbegriffen" zuzuordnen, wurden folgende Komponenten bzw. Erscheinungsformen der Schnelligkeit herausgearbeitet:

- **Reaktionsschnelligkeit:** 10 unterschiedliche Begriffe von 25 Autoren
- **Aktionsschnelligkeit:** 8 unterschiedliche Begriffe von 17 Autoren
- **lokomotorische Schnelligkeit:** 8 unterschiedliche Begriffe von 17 Autoren
- **Ausdauerschnelligkeit:** 2 unterschiedliche Begriffe von 9 Autoren
- **Handlungsschnelligkeit:** 6 Autoren

Aktionsschnelligkeit wird ausschließlich in Verbindung mit azyklischen Schnelligkeitsanforderungen gebraucht.

Lokomotorische Schnelligkeit und Ausdauerschnelligkeit beziehen sich ausschließlich auf zyklische Bewegungen. Sie sind eigentlich nicht als Komponenten der Schnelligkeit, sondern als Komponenten einer Leistung zu verstehen. Der Begriff Handlungsschnelligkeit wird vor allem in den Sportspielen und in Zweikampfsportarten genutzt. Er schließt sowohl die informationellen Prozesse als auch die motorische Aktion ein (KIRCHGÄSSNER/BASTIAN 1984; KRAUSPE 1985; KÜHN 1987). Zu beachten ist auch, daß „Reaktionsfähigkeit" und „Frequenzfähigkeit" in zahlreichen Arbeiten den koordinativen Fähigkeiten zugeordnet werden.

Diese Vielfalt der Begriffe führt in der Praxis zu Unsicherheiten bei der Ausbildung der Schnelligkeit, teilweise zu falschen trainingsmethodischen Maßnahmen, denn die Auswahl der Mittel und Methoden zur Ausbildung einer konditionellen Leistungsvoraussetzung unterscheidet sich z.B. prinzipiell von den Mitteln und Methoden bei der Ausbildung einer koordinativen Leistungsvoraussetzung.

Die in der Theorie, aber besonders in der Praxis noch oftmals vorhandene Gleichsetzung von Schnelligkeit und leichtathletischem Sprint erweist sich ebenfalls als äußerst problematisch. Sprintleistungen sind wie alle anderen Leistungen komplexe Leistungen. Sie werden durch eine Vielzahl von Leistungsvoraussetzungen, die in einem konkreten Wechselverhältnis zueinander stehen, bestimmt. Insbesondere der vorrangige Einsatz des leichtathletischen Sprints als Trainingsmittel zur Ausbildung der Schnelligkeit in einer Vielzahl von Sportarten und -disziplinen hat in der Vergangenheit zu Fehlorientierungen der Praxis geführt und die angestrebte notwendige sportart- bzw. disziplinspezifische Ausbildung der Schnelligkeit nicht ausreichend gesichert. Ohne den hohen Anteil der Schnelligkeit am Sprintlauf zu negieren, erfüllt er die spezifischen Anforderungen an die Schnelligkeit der einzelnen Sportarten und -disziplinen aus leistungsstruktureller Sicht nicht ausreichend.

> Die unterschiedlichen Definitionen der Schnelligkeit verdeutlichen Unklarheiten zu ihrem Wirkungsgefüge und zu den sie bedingenden Faktoren.

Ausgewählte biologisch-physiologische Voraussetzungen der Schnelligkeit und ihre Widerspiegelung in Trainingsorientierungen

Alle motorischen Aktionen entstehen auf der Grundlage einer koordinierten Tätigkeit der Muskulatur, wobei die Aktivierung der Muskulatur durch das Nervensystem erfolgt.

Bedingt durch die unterschiedlichen Auffassungen zur Schnelligkeit wird das Spektrum ihrer physiologischen Grundlagen weit gefaßt. Es unterscheidet sich nicht prinzipiell von jenen Voraussetzungen, die auch für Schnellkraftleistungen hervorgehoben werden. Als spezifische Grundlagen werden genannt:

— Geschwindigkeit der Impulsübertragung
— Vermögen, möglichst viele Muskelfasern gleichzeitig zu aktivieren
— hohe Spannungs- und Entspannungsfähigkeit (sowohl der Synergisten als auch der Antagonisten)
— hoher Anteil schneller Muskelfasern (FT-Fasern)
— hoher ATP-Gehalt und entsprechende Glykogendepots der Muskulatur als Energielieferanten sowie deren schnelle Freisetzung.

Obwohl nervalen Prozessen bei der Schnelligkeitsausbildung eine hohe Bedeutung zuerkannt wird, ist das derzeitige Schnelligkeitstraining in der Regel eine spezielle Form des Trainings konditioneller, d.h. energetisch determinierter Leistungsvoraussetzungen. So erfolgt z.B. die Steuerung von Belastung und Erholung vordergründig nach den Regeln des Gesetzes der Reizanpassung. Typisch dafür sind unter anderem die Relationen von Belastungs- und Erholungszeiten im Sprinttraining. Die Pausenlänge liegt bei 1 bis 2 Minuten für jeweils 10 gelaufene Meter in maximaler Intensität. Diese Faustregel hat ihren Ursprung in Erfahrungswerten, bezieht sich aber vor allem auf die benötigte Zeit zum Auffüllen der Energiedepots bzw. zum Normalisieren der Pulswerte.

Ähnlich ist die zur Zeit angegebene optimale Belastungsdauer im zyklischen Schnelligkeitstraining einzuordnen. Zentraler Punkt ist die alaktazide Energiebereitstellung, d.h., wie lange Kreatinphosphat als Energielieferant zur Verfügung steht.

Formulierte Grundsätze, Prinzipien oder auch Regeln zum Schnelligkeitstraining heben folgende Akzente besonders hervor:

— Schnelligkeitstraining ist grundsätzlich im Zustand optimaler Leistungsbereitschaft und Leistungsfähigkeit durchzuführen.
— Im Schnelligkeitstraining dominieren maximale Intensitäten.
— Es sind nur Übungen anzuwenden, die vom Sportler exakt beherrscht werden.
— Schnelligkeitstraining kann sowohl mit allgemeinen als auch mit speziellen Übungen durchgeführt werden. Bei der speziellen Leistungsausprägung haben spezielle Trainingsmittel den Vorrang.
— Schnelligkeitstraining ist nach gründlicher Erwärmung im ersten Teil der Trainingseinheit oder in gesonderten Trainingseinheiten durchzuführen.
— Der Umfang im Schnelligkeitstraining ist gering. Bei der Übungsausführung darf keine Ermüdung auftreten.
— Dem Schnelligkeitstraining ist besondere Aufmerksamkeit im Nachwuchstraining zu schenken.
— Beim Schnelligkeitstraining sind die Verbindungen zum Kraft-/Schnellkrafttraining, zur Technik und zum koordinativen Training zu berücksichtigen. Eine strenge Abgrenzung ist zum Ausdauertraining vorzunehmen.

Trotz zahlreicher vorhandener methodischer Orientierungen weisen Trainingsanalysen auf eine unzureichende Wirksamkeit dieses Trainingsbereichs hin.

Das Zeitprogramm — ein Ausdruck der elementaren Schnelligkeit

Azyklisches und zyklisches Zeitprogramm

Die Schnelligkeit ist eine **elementare Leistungsvoraussetzung**. Elementare Leistungsvoraussetzungen zeichnen sich dadurch aus, daß
- sie dominant durch ein biologisches Funktionssystem bestimmt bzw. beeinflußt werden;
- sie zwischen strukturähnlichen Bewegungen übertragbar sind;
- sie für alle sportlichen Bewegungen bedeutsam und damit in jeder sportlichen Bewegung enthalten sind;
- ihr Ausprägungsgrad nicht primär vom Ausprägungsgrad anderer Leistungsvoraussetzungen beeinflußt wird, obwohl sie bei der Bewegung gemeinsam mit anderen in Erscheinung treten und Wechselbeziehungen eingehen;
- sie bei hohen sportlichen Leistungen nicht kompensierbar sind, d.h., ein unzureichender Ausprägungsgrad ist nicht durch eine überdurchschnittliche Ausprägung einer anderen elementaren Leistungsvoraussetzung auszugleichen;
- für ihre Ausbildung ein adäquates System von Mitteln und Methoden benötigt wird.

Aus physiologischer Sicht ist die Schnelligkeit an besondere Leistungen des neuromuskulären Systems (Nerv-Muskel-Systems) gebunden (Abb. 1).

Das neuromuskuläre System wird nicht einheitlich definiert. Die Abgrenzung von anderen Begriffen, die das Nervensystem betreffen, ist nicht eindeutig. **Zentralnervale Prozesse** sind die Vorgänge, die im Zentralnervensystem, im Gehirn bzw. Rückenmark ablaufen. **Periphere nervale Prozesse** laufen außerhalb des Zentralnervensystems, also im peripheren Nervensystem, ab — in den Rezeptoren, in den peripheren Nervenfasern und in den Effektoren (z.B. Muskeln).

Der Begriff der **sensomotorischen Prozesse** beinhaltet alles das, was motorisch ist, was mit Bewegungen zusammenhängt — angefangen mit der Aufnahme von Reizen aus der Umwelt, über die bewußte und unbewußte Verarbeitung von Informationen und Erfahrungen bis hin zur Bewegungsausführung und deren Widerspiegelung im Bewußtsein der Sportler.

Der Begriff des **neuromuskulären Systems** wird in diesem Zusammenhang ebenfalls häufig gebraucht aber nicht ähnlich eindeutig definiert. Er beinhaltet streng genommen das unmittelbare Zusammenwirken von Nerven- und Muskelsystem, was unabhängig vom menschlichen Bewußtsein erfolgt. Zentralnervale Einflüsse auf diese Prozesse sind jedoch eindeutig belegbar, so daß im Rahmen dieser Ausführungen der Begriff des neuromuskulären Systems sowohl das periphere Nervensystem, das Zentralnervensystem, als auch Teile des Muskelsystems einschließt. Es wird sich primär auf unbewußt ablaufende motorische Prozesse beschränkt.

Zum neuromuskulären System gehören unter anderem:
- motorisch bedeutsame Exterorezeptoren (Rezeptoren, die Signale von außen aufnehmen),

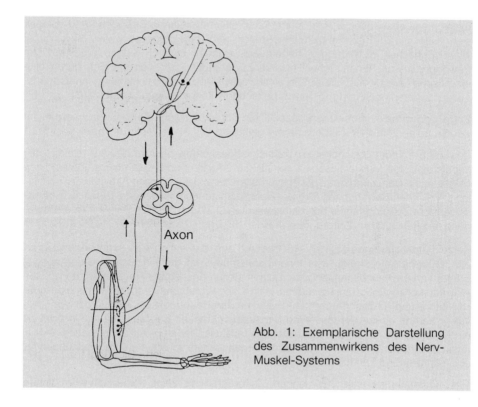

Abb. 1: Exemplarische Darstellung des Zusammenwirkens des Nerv-Muskel-Systems

— Propriorezeptoren (Rezeptoren, die Signale aus dem eigenen Körper aufnehmen),
— Muskelfasern,
— Synapsen, motorische Endplatten,
— afferente und efferente Nervenfasern,
— Motoneurone im Rückenmark mit Ankopplung an höher gelegene Regionen des Zentralnervensystems (cortikale und subcortikale Hirngebiete, motorische Kerngebiete u. a.).

In welchem Maße die Elemente des neuromuskulären Systems, z.B. die sensorischen und motorischen Nervenleitgeschwindigkeiten, die Reflexzeiten der Muskeleigenreflexe, synaptische Übertragungszeiten sowie die an eine bestimmte Muskelfaserausstattung gebundene Eigenschaft der muskulären Kontraktionsgeschwindigkeit, anlagebedingt sind oder durch Training funktionelle Anpassungen zeigen, ist umstritten. Internationale und nationale Untersuchungsergebnisse belegen beide Interpretationen.

Die Auffassung von einer relativ stabilen genetischen Präformierung dieser Komponenten führt häufig dazu, die Schnelligkeit vordergründig als Problem der Selektion und Talentfindung anzusehen. Aus Erfahrungen der Trainingspraxis und aus Untersuchungen ist jedoch abzuleiten, daß das Zusammenwirken nervaler und muskulärer Einzelstrukturen durch Training beeinflußt werden kann. Die Art und Weise dieses Zusammenwirkens charakterisiert die Schnelligkeit einer sportlichen Bewegung und spiegelt sich in der Qualität neuromuskulärer Steuer- und Regelprozesse wider. Sie sind bei allen sportlichen Bewegungen bedeutsam. Handelt es sich jedoch um sportliche Bewegungen mit hohen Schnelligkeitsanforderungen, zeichnen sie sich durch eine spezifische Qualität aus, die sich in einem bestimmten neuromuskulären Innervationsmuster widerspiegelt und mit dem Arbeitsbegriff Zeitprogramm belegt wurde.

Zeitprogramme sind bewegungsspezifisch. Strukturähnliche Bewegungen werden auf der Grundlage gleicher Zeitprogramme gesteuert.

Das Zeitprogramm beinhaltet die zeitlich abgestimmte neuromuskuläre (elektrische) Impulsfolge des Muskeleinsatzes der für die entsprechende Bewegung notwendigen Muskeln, die Dauer und das Anstiegsverhalten der bioelektrischen Aktivität. Bei schnellen azyklischen Bewegungen (Brems- Beschleunigungsbewegungen) treten zwei unterschiedliche Zeitprogramme auf. Qualitätsunterschiede in der Schnelligkeit einer Bewegung spiegeln sich im Zeitprogramm wider.

Kurze Zeitprogramme zeichnen sich dadurch aus, daß ein direkter schneller Impuls an die Hauptmuskeln erfolgt. Das Innervationsmuster ist gekennzeichnet durch ausgeprägte Vorinnervationsphasen, durch einen steilen Anstieg der Hauptaktivität und eine Aktivitätskonzentration in der ersten Hälfte der Arbeitsphase sowie durch eine gute „Koaktivierung" (Zusammenwirken) zwischen den Hauptmuskeln. Infolge der Vorinnervation kommt es zur Verbesserung der Ansprechbarkeit der Muskelspindeln bzw. zu einer erhöhten Stiffness und Elastizität des Muskels. Der steile Aktivitätsanstieg (Aktivitätskonzentration in der ersten Hälfte der Arbeitsphase) schafft die Voraussetzungen für eine schnelle und kräftige Kontraktion.

Das Innervationsmuster des langen Zeitprogramms zeigt keine schnelle direkte Ansteuerung der Hauptmuskeln. Die Vorinnervationsphasen sind deutlich geringer ausgeprägt bzw. fehlen völlig, und der weitere Verlauf der Aktivität wird von Phasen verringerter Aktivität, langen Plateauphasen bzw. Einsattelungen unterbrochen (Abb. 2).

Bei Absprüngen (Nieder-Hoch-Sprung beidbeinig vorwärts und rückwärts, Hopserlauf und Sprunglauf) spiegeln sich die Qualitätsunterschiede in einem Zeitbereich von ca. 170 ms wider. Bodenkontaktzeiten unter 170 ms beinhalten die qualitativen Anforderungen an ein **kurzes Zeitprogramm**. Bodenkontaktzeiten über 170 ms erfüllen diese Qualitätsmerkmale nicht. Bei anderen Bewegungen können sich die Zeitprogrammgrenzen von diesem Wert unterscheiden.

Die Qualitätsunterschiede werden auch im Kraft-Zeit-Verlauf sichtbar. Das kurze Zeitprogramm weist beim Nieder-Hoch-Sprung einen eingipfligen, das lange Zeitprogramm hingegen einen zweigipfligen Kraft-Zeit-Verlauf auf (Abb. 3).

LEHNERT/WEBER (1975) weisen bei Untersuchungen am N. ulnaris statistisch gesicherte Unterschiede der **Nervenleitgeschwindigkeit** zwischen Sportlern untersuchter Schnellkraftsportarten und anderer Sportarten nach. So unterscheiden sich z.B. alpine Skisportler, leichtathletische Sprinter und Freistilringer (ausnahmslos Sportarten mit hohen Schnelligkeitsanforderungen) deutlich von leichtathletischen Langstreckenläufern und Gehern (Abb. 4).

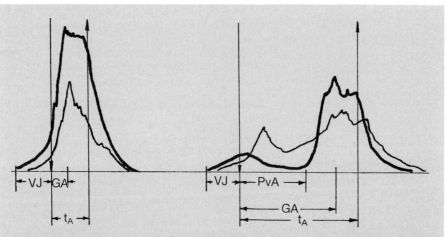

Abb. 2: Exemplarische Darstellung des Innervationsmusters eines kurzen (links) und eines langen (rechts) Zeitprogramms

VI (ms) = Dauer der Vorinnervation
PvA (ms) = Phase verringerter Aktivität
GA (ms) = Aktivitätszeit bis zum 1. Gipfel

t_A (ms) = Hauptaktivitätsphase
—— = M. gastrocnemius
—— = M. rectus femoris

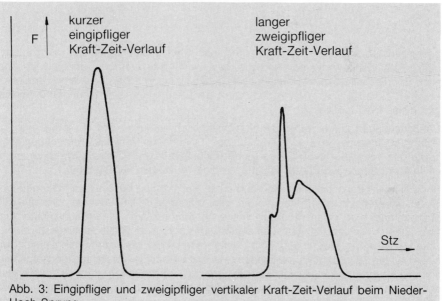

Abb. 3: Eingipfliger und zweigipfliger vertikaler Kraft-Zeit-Verlauf beim Nieder-Hoch-Sprung

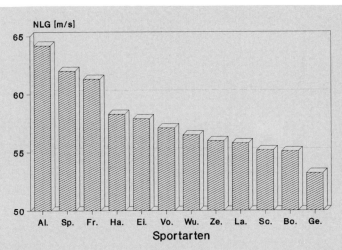

Abb. 4: Mittlere Nervenleitgeschwindigkeit des N. ulnaris in unterschiedlichen Sportarten (in Anlehnung an LEHNERT/WEBER 1975)
Al.: Ski Alpin   Ei.: Eishockey   La.: Leichtathletik-
Sp.: La-Sprint   Vo.: Volleyball   Langstreckenlauf
Fr.: Freistilringen   Wu.: LA-Wurf   Sc.: Schwimmen
Ha.: Handball   Ze.: Leichtathletik-   Bo.: Bogenschießen
                      Zehnkampf   Ge.: Gehen

Interessant ist, daß einerseits Sportler mit sehr guten Leistungen in ihrer Disziplin auch über relativ hohe Werte der Nervenleitgeschwindigkeit verfügen, andererseits aber auch Sportler mit hoher Nervenleitgeschwindigkeit keine hohen Leistungen erreichen. In keinem Beispiel ist eine Verbindung von guter Leistung und sehr niedriger Nervenleitgeschwindigkeit feststellbar.

Untersuchungen zur motorischen Nervenleitgeschwindigkeit des N. tibialis und zur Reflexzeit (motorische Eigenreflexzeit) des Quadriceps-Reflexes (Kniesehnenreflex) sowie des Triceps-surae-Reflexes (Achillessehnenreflex) an zwanzig Sportlern leichtathletischer Schnellkraftdiszplinen stützen diese Aussagen (VOSS 1989).

Hohe Nervenleitgeschwindigkeiten und kurze Reflexzeiten bei reaktiven Bewegungen (Dehnungs-Verkürzungs-Zyklen) führen nicht automatisch zu kurzen azyklischen Zeitprogrammen, also einem qualitativ guten neuromuskulären Innervationsmuster (vgl. Abb. 5 bis 7). Gleichzeitig wird auch deutlich, daß sehr niedrige Nervenleitgeschwindigkeiten (unter 44 m/s) bzw. sehr lange Reflexzeiten (über 19,5 bzw. 34,5 ms) nicht mit einem kurzen Zeitprogramm verbunden sind. Nach bisherigen Untersuchungsergebnissen und Erfahrungswerten liegen für das Erreichen kurzer Zeitprogramme die Mindestanforderungen an die Nervenleitgeschwindigkeit des N. tibialis bei ca. 49 m/s, für die Reflexzeit des M. quadriceps femoris bei ca. 19,0 ms und für die Reflexzeit des M. triceps surae bei ca. 33,0 ms.

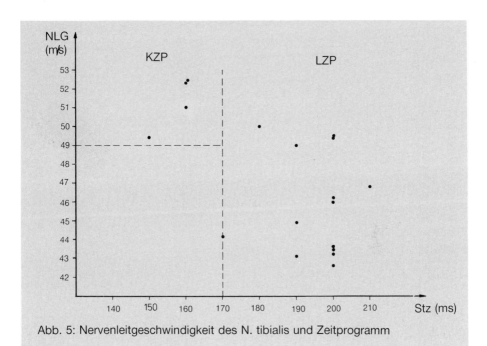

Abb. 5: Nervenleitgeschwindigkeit des N. tibialis und Zeitprogramm

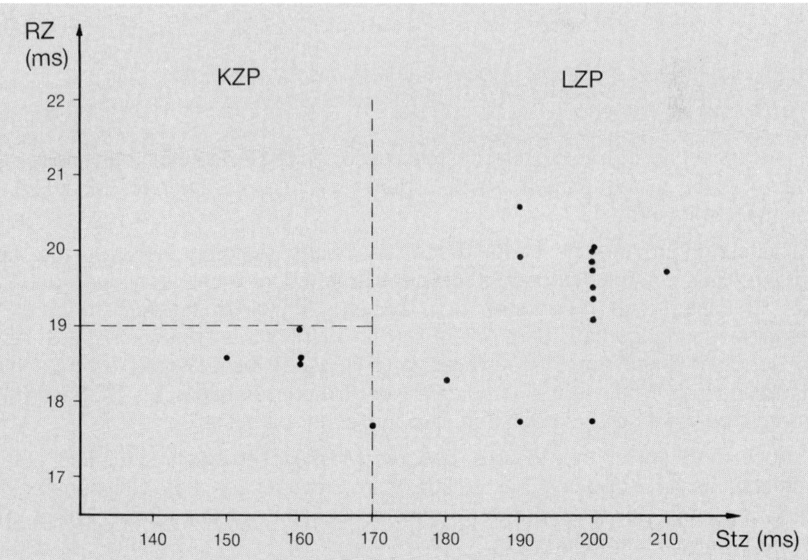

Abb. 6: Eigenreflexzeit des M. quadriceps femoris und Zeitprogramm

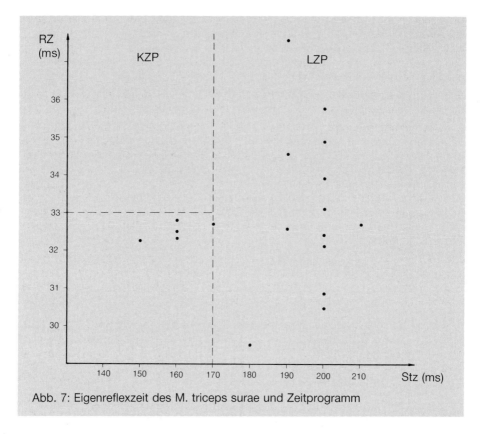

Abb. 7: Eigenreflexzeit des M. triceps surae und Zeitprogramm

Zwischen Nerv- und Muskelsystem bestehen sehr enge Beziehungen. Schnellkontrahierende FT(fast twitch)-Fasern werden durch „schnellere" Nerven innerviert als ST(slow twitch)-Fasern.

Muskelfaserstrukturuntersuchungen durch zahlreiche Autoren belegen die hohe Bedeutung eines entsprechenden **Faserspektrums** (hoher Anteil an schnellkontrahierenden FT-Fasern) für Sportarten mit hohen Schnelligkeitsanforderungen. Bei Absprungbewegungugen aus dem Anlauf fanden TIHANY u.a. (1983) kürzere Stützzeiten bei Sportlern mit einem höheren Anteil von FT-Fasern. Sie erklären diesen Sachverhalt damit, daß die FT-Fasern eine kürzere Kontraktionszeit haben als ST-Fasern und ihre Energie bei geringerer Vordehnung ökonomischer bereitstellen.

VIITASALO/KOMI (1981) stellen fest, daß die Muskelfaserverteilung Einfluß auf die elektromechanische Kopplung bei willkürlichen Bewegungen hat. Bei höheren FT-Faseranteilen ist die Zeitdauer der elektromechanischen Kopplung kürzer, was zu einer schnelleren Muskelkontraktion führt.

Häufiger wird darauf verwiesen, daß die Auswirkungen eines spezifischen Trainings den Einfluß der Muskelfaserverteilung überdecken können (BOSCO u.a. 1989).

Untersuchungen an Volleyballern (Nationalmannschaft Männer) und an Sportstudenten stützen diese Position dahingehend, daß eine gute strukturelle Ausstattung der Muskulatur zwar eine notwendige Bedingung für hohe Schnelligkeit ist, daß das optimale Zusammenwirken des Nerv-Muskel-Systems dadurch jedoch nicht ausschließlich bestimmt wird (PIEPER u.a. 1986; VOSS 1989) (Abb. 8).

Schnelle zyklische Bewegungen sind durch die mehrfache Wiederholung des schnellstmöglichen Einzelimpulses in möglichst gleicher Qualität charakterisiert.

Die **Bewegungsfrequenz** wird allgemein als ein Kriterium bei Leistungen mit hohen Schnelligkeitsanforderungen charakterisiert und als Anzahl der Bewegungen in der Zeiteinheit definiert. Als spezifische Erscheinungsformen werden Schrittfrequenz, Tretfrequenz, Schlagfrequenz u.a.m. genannt. Maximal schnelle zyklische Bewegungen werden durch eine Vielzahl von Faktoren beeinflußt. Bedeutsam ist zunächst die Frage, welche Art von Körperübung (eine freie Bewegung — z.B. Beinkreisen, eine Bewegung mit Stützphasen mit vorgegebener oder freier Amplitude, eine geführte Bewegung u.a.m.) ausgeführt wird und unter welchen Rahmenbedingungen die Ausführung der Bewegung erfolgt.

BAUERSFELD/WERNER (1980) weisen an Probanden mittlerer Qualifikation nach, daß zwischen Frequenzverhalten der Arme und Beine und der Schnellkraft gesicherte Beziehungen bestehen, die besonders bei den untersuchten Fechterinnen und Radsportlern hochsignifikant sind (p = 1 Prozent).

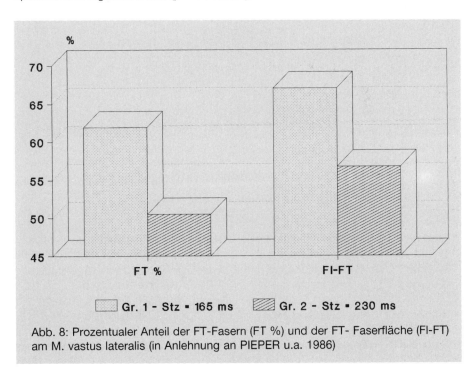

Abb. 8: Prozentualer Anteil der FT-Fasern (FT %) und der FT- Faserfläche (Fl-FT) am M. vastus lateralis (in Anlehnung an PIEPER u.a. 1986)

Sportart Geschlecht Anzahl Probanden	LA-Sprint w m 5 7	Gewichtheben m 8	Radsport m 13	Fechten w 12
Tretfrequenz Schnellkraft Beine	+ + 0,88 0,87	+ 0,66	+ 0,68	++ 0,75
Armfrequenz Schnellkraft Arme	+ 0,88 0,53	+ 0,63	++ 0,81	0,85

Tab. 1: Totale lineare Korrelationskoeffizienten zwischen Schnellkraftfähigkeit und Frequenzvermögen der Arme und Beine (p = Irrtumswahrscheinlichkeit für den gesicherten Zusammenhang, + p = 5 %, ++ p = 1 %)

Die nur mittleren Zusammenhänge bei den Gewichthebern liegen offensichtlich darin begründet, daß in ihrem Training weder an die Arme noch an die Beine hochfrequente Anforderungen gestellt werden (Tab. 1).

Querschnittuntersuchungen zur **Tretfrequenz** an nichttrainierenden und trainierenden Probanden im Altersbereich von 6 bis 80 Jahren verdeutlichen die Altersabhängigkeit des Ausprägungsgrades der Tretfrequenz (BAUERSFELD 1984) (Abb. 9).

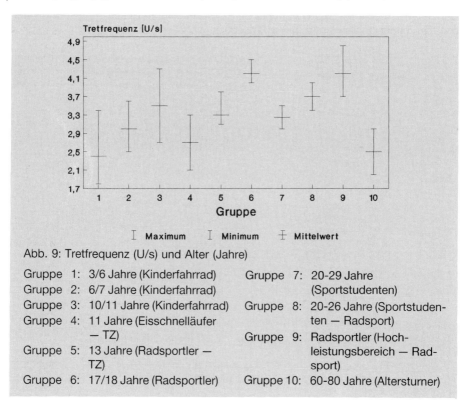

Abb. 9: Tretfrequenz (U/s) und Alter (Jahre)

Gruppe 1: 3/6 Jahre (Kinderfahrrad)
Gruppe 2: 6/7 Jahre (Kinderfahrrad)
Gruppe 3: 10/11 Jahre (Kinderfahrrad)
Gruppe 4: 11 Jahre (Eisschnelläufer — TZ)
Gruppe 5: 13 Jahre (Radsportler — TZ)
Gruppe 6: 17/18 Jahre (Radsportler)
Gruppe 7: 20-29 Jahre (Sportstudenten)
Gruppe 8: 20-26 Jahre (Sportstudenten — Radsport)
Gruppe 9: Radsportler (Hochleistungsbereich — Radsport)
Gruppe 10: 60-80 Jahre (Altersturner)

Da zwischen Lebensalter und Kraftvoraussetzungen Beziehungen vorliegen, unterstreicht dies den Einfluß der Kraftvoraussetzungen auf den Ausprägungsgrad maximaler Tretfrequenzen. Interessant ist, daß in allen untersuchten Gruppen einzelne Probanden deutlich über dem Gruppenmittelwert liegen, die absoluten Höchstwerte der Radsportler jedoch nicht erreicht werden. Mit Ausnahme der Kinder im Vorschul- und frühen Schulalter (3 bis 8 Jahre) sind in allen Altersbereichen statistisch gesicherte geschlechtsspezifische Unterschiede nachweisbar (HEISIG/REGNER 1982).

Gegenüber den Ergebnissen im Radsport, nach denen die höchsten Tretfrequenzen Ausdruck von Kraft- und Schnelligkeitsvoraussetzungen sind, sind im leichtathletischen Sprint für hohe Schrittfrequenzen weitere spezifische Faktoren bedeutsam. FISCHER/LEHMANN (1989) kennzeichnen die Schrittfrequenz als sprintrelevantes Merkmal mit einem hohen Anteil an Schnelligkeit, welches jedoch multifaktoriell strukturiert ist (Abb. 10).

Querschnittanalysen zur **Schrittfrequenz** zeigen (Mittelwerte der untersuchten Probanden), daß die höchsten Schrittfrequenzen im höchsten Leistungsbereich realisiert werden (LIZON 1984). Gleichzeitig ist auch hier festzustellen, daß in allen untersuchten Altersbereichen einzelne Probanden Schrittfrequenzen erreichen, die dem Mittelwert

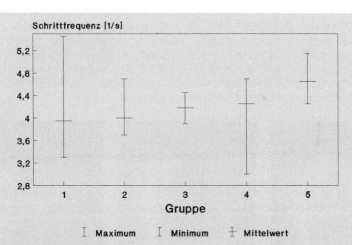

Abb. 10: Schrittfrequenz (1/s) und Alter (Jahre)

Gruppe 1: 3-6 Jahre (Kindergarten)
Gruppe 2: 12/13 Jahre (Leichtathleten)
Gruppe 3: 16/17 Jahre (Leichtathletik-Sprinter)
Gruppe 4: 20-24 Studenten
Gruppe 5: über 20 Jahre (Hochleistungsbereich — Leichtathletik)

des höchsten Leistungbereichs nahekommen. Im Vorschulbereich gibt es sogar einzelne Kinder, die die Schrittfrequenzen der Spitzenathleten übertreffen (VOSS 1982). Schrittfrequenz und Tretfrequenz reflektieren demnach nicht ausreichend den Ausprägungsgrad der elementaren zyklischen Schnelligkeit. Sie spiegeln bereits das komplexe Zusammenwirken mehrerer Leistungsvoraussetzungen wider.

Nach FISCHER/LEHMANN (1989) läßt sich der elementare Charakter der zyklischen Schnelligkeit bei kleinräumigen, maximal schnellen Bewegungen ohne Widerstand z.B. beim **Beintapping-Frequenztest** in 6 Sekunden erfassen. Beim Beintapping-Frequenztest sitzt der Sportler auf einem Stuhl und führt maximal schnelle wechselseitige Bodenberührungen mit dem Füßen aus. Die Amplitude kann frei gewählt werden (vgl. Bildreihe 1).

Qualitätsunterschiede beim **zyklischen Zeitprogramm** der Beine differenzieren sich nach FISCHER/LEHMANN (1989) beim Beintapping-Frequenztest in 6 Sekunden bei 12 Hz (Wiederholungen pro Sekunde). Werte über 12 Hz spiegeln ein qualitativ gutes elementares zyklisches Zeitprogramm (kurzes zyklisches Zeitprogramm) wider. Werte unter 12 Hz entsprechen nicht dem notwendigen qualitativen Anspruchsniveau (langes zyklisches Zeitprogramm).

Für maximal schnelle zyklische Bewegungen besitzt die ständig wiederkehrende An- und Entspannung der Arbeitsmuskulatur eine hohe Bedeutung. VYSOTSIN belegte dies bereits 1976. Als grundlegende Funktionsmechanismen des Entspannungsvorganges werden unter anderem neuromuskuläre Steuer- und Regelprozesse betrachtet, die inter- und intramuskulär ablaufen. Ein für schnelle zyklische Bewegungen optimales Entspannungsverhalten wird durch die Gestaltung des Verhältnisses von An- und Entspannungsphase bestimmt. Die Entspannungsphase wird dabei durch die vorausgehende Anspannungsphase mitbeeinflußt.

Bildreihe 1: Beintapping – Frequenztest

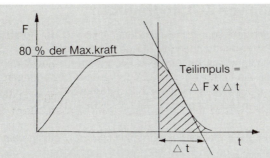

Abb. 11: Teilimpuls in der Entspannungsphase beim Muskelentspannungstest als Ausdruck der Kraft-Zeit-Charakteristik (FISCHER 1989)

Eine sehr kurze Entspannungszeit oder ein sehr steiler Abfall der Krafttangente gewährleistet allein jedoch noch kein gutes Entspannungsverhalten. Eine optimale Relation zwischen Anspannungs- und Entspannungsphase spiegelt sich nach FISCHER (1989) im sogenannten „Teilimpuls" in der Entspannungsphase wider (Abb. 11).

Hohe Beintapping- und Schrittfrequenzen erfordern einen kleinen Teilimpuls, der sich aus einer kurzen Entspannungszeit und einem entsprechendem Kraftniveau der vorausgehenden Kontraktion ergibt. Die Tab. 2 verdeutlicht dies exemplarisch bei Sportlern niedriger Qualifikation in der Leichtathletik. Proband A erreicht einen hohen Kraftwert, eine kurze Entspannungszeit, realisiert einen kleinen Teilimpuls und erreicht damit eine hohe Schrittfrequenz. Proband B realisiert einen wesentlich niedrigeren Kraftwert und eine deutlich längere Entspannungszeit als Proband A, erreicht trotzdem einen kleinen Teilimpuls und eine ähnliche Schrittfrequenz wie Proband A. Proband C hat trotz höchster Kraftwerte, einer kürzeren Entspannungszeit als Proband B, einen großen Teilimpuls und damit eine niedrige Schrittfrequenz.

Zwischen Teilimpuls und Beintappingfrequenz sowie Schrittfrequenz sind statistisch gesicherte Beziehungen nachweisbar (FISCHER 1989).

Die Schnelligkeit ist eine elementare Leistungsvoraussetzung. Sie wird dominant durch die Qualität neuromuskulärer Steuer- und Regelprozesse bestimmt, die in sogenannten bewegungsspezifischen Zeitprogrammen bei azyklischen und zyklischen Bewegungen reflektiert werden. Qualitätsunterschiede spiegeln sich im Zeitprogramm wider. Nervenleitgeschwindigkeit, Reflexzeit und Muskelfaserstruktur erfordern ein bestimmtes Ausprägungsniveau.

Proband	Altersklasse	Schrittfrequenz	Teilimpuls	Entspannungszeit	Kraft
A	15 m	4,80 Hz	6,05 Ns	21 ms	360 N
B	13 w	4,66 Hz	6,80 Ns	43 ms	200 N
C	15 m	4,31 Hz	11,60 Ns	34 ms	450 N

Tab. 2: Schrittfrequenz, Teilimpuls, Entspannungszeit und Kraft bei Sportlern niedriger Qualifikation (in Anlehnung an FISCHER 1989)

Übertragbarkeit von Zeitprogrammen

Moderne Lerntheorien rücken in zunehmendem Maße von der Vorstellung klassischer Fertigkeits- und Programmtheorien ab. Nach diesen gibt es für jede spezifische Bewegung ein eigenständiges motorisches Programm im Zentralnervensystem bzw. jede Bewegung muß als Fertigkeit ausgeprägt werden. Bewegungen werden demzufolge komplex, d.h. als größeres komplettes Programm für die gesamte Bewegung, im Zentralnervensystem abgespeichert (vgl. auch GUNDLACH 1980, 19 und PÖHLMANN 1986, 131).

Neuere Erkenntnisse, die im folgenden dargestellt werden, stützen die Hypothese, daß motorische Programme nicht in Form von großen komplizierten Programmen für alle programmgesteuerten Bewegungen existieren, sondern vielmehr als relativ elementare „Unterprogramme". Diese elementaren „Unterprogramme" werden durch übergeordnete Programme oder andere Steuer- und Regelmechanismen nur im Bedarfsfall abgerufen, sind aber für eine Vielzahl komplexer Bewegungen nutzbar — sie sind also übertragbar.

Solche elementaren Programme werden vor allem dann benötigt, wenn äußerst kurzzeitige, nicht regelbare (oder höchstens unbewußt regelbare) Bewegungen ablaufen, die im Leistungssport relativ häufig vorkommen. Werden hier doch zum Teil extrem komplizierte, verkettete oder sehr schnell ablaufende bzw. äußerst kurzzeitige Bewegungen bis zu einer hohen Stabilität ausgebildet, deren Ablauf nach Bewegungsbeginn nur sehr bedingt bewußt gesteuert werden kann.

Dabei müssen sich diese Bewegungsprogramme auch durch eine hohe Variabilität in bezug auf veränderte Bedingungen und auf das Zusammenwirken mit anderen, weniger stabilen Funktionssystemen auszeichnen. Es ist kaum vorstellbar, daß solche komplizierten Bewegungen als komplette Programme abgespeichert sind und trotzdem ihre Variabilität bewahren können.

Dieser Auffassung entspricht auch BERNSTEIN (1988, 82-85), der bei komplexen Bewegungen von einer Folge kleiner, als Engramm (vgl. S. 49) gespeicherter Programme ausgeht. Regulationen im Bewegungsablauf sind dann vorrangig durch die Engrammfolge, aber nicht innerhalb der Engramme selbst möglich.

Motorische Programme existieren also als relativ elementare, übertragungsfähige Grundprogramme. Die bei Brems-Streckbewegungen (Dehnungs-Verkürzungs-Zyklen) festgestellten Zeitprogramme entsprechen diesen Anforderungen. Elektromyographische Untersuchungen zeigen, daß das typische zeitliche Innervationsmuster in der individuell vorhandenen Qualität bei unterschiedlichen Übungen ähnlicher Grundstruktur in Erscheinung tritt (Abb. 12).

Neuromuskuläre Steuer- und Regelmechanismen in Form von elementaren Bewegungsprogrammen treten im Sport sehr vielfältig in Erscheinung und sind insbesondere für schnell ablaufende Bewegungen, also auch für die Schnelligkeit, bedeutsam.

Zeitprogramme sind im Zentralnervensystem gespeichert. Sie laufen nach dem „Programmstart" relativ unbewußt und bewußt nicht mehr regelbar ab. Elementare Zeitprogramme treten dort auf, wo äußerst kurzzeitige Bewegungen, bis ca. 200 ms Dauer, ablaufen. Auf Reize von außerhalb des Körpers kann erst nach ca. 200 ms reagiert

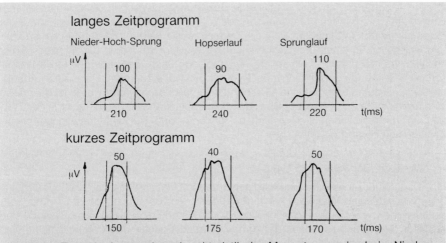

Abb. 12: Typische Innervationscharakteristik des M. gastrocnemius beim Nieder-Hoch-Sprung, Hopserlauf und Sprunglauf beim kurzen und langen Zeitprogramm (BEHREND 1988)

werden (HEUER 1978; SCHMIDT 1980). Reaktionen auf innere Reize können über Reflexmechanismen schneller erfolgen (100 bis 150 ms) (HEUER 1978), diese sind jedoch direkter Bestandteil des Programms (SCHMIDTBLEICHER/GOLLHOFER 1982).

Die individuell typische Innervationscharakteristik (kurzes oder langes Zeitprogramm) spiegelt sich bei beiden Probanden in allen drei Bewegungen wider. Das azyklische Zeitprogramm ist folglich bei strukturähnlichen Bewegungen übertragbar, bzw. strukturähnliche Übungen werden auf der Grundlage gleicher Zeitprogramme gesteuert.

Der **Übertragungscharakter elementarer Zeitprogramme** zeigt sich auch bei hochfrequenten Bewegungen ohne Widerstand (Tretfrequenz, Armkurbelfrequenz). Bei den in der Tab. 3 dargestellten Probanden wurden die maximalen Frequenzen der oberen und unteren Extremitäten (Tret- und Kurbelfrequenz ohne Widerstand) gemessen. Es bestand die Aufgabe, innerhalb von 6 Sekunden eine maximale Anzahl von Umdrehungen zu erreichen.

Altersgruppe		Anzahl	Rangkorrelations- koeffizient
3 – 6 Jahre	Kindergarten	35	0,3778[+]
6 – 7 Jahre	Schulkinder	12	0,6037[+]
11 – 12 Jahre	Kinder aus Trainingszentren	25	0,5526[+]
20 – 24 Jahre Radsport	Sportstudenten	14	0,7558[+]
über 60 Jahre	Alterssportler	12	0,6396[+]

Tab. 3: Korrelationskoeffizienten der Frequenzbeziehungen zwischen oberen und unteren Extremitäten (in Anlehnung an HEISSIG/REGNER 1982)

In allen Altersbereichen sind signifikante Beziehungen zwischen oberen und unteren Extremitäten vorhanden. Mit zunehmendem Alter, wenn nicht bevorzugt mit einer Extremität geübt wird, nähern sich alle Frequenzwerte dem mit beiden Beinen erreichtem Niveau an. In einem Folgeexperiment hatten Sportstudenten und Freizeitsportler im Alter von 20 bzw. 21 Jahren die Aufgabe, auf einem Fahrradergometer maximal schnell 6 Sekunden sowohl vorwärts als auch rückwärts zu treten. Das „Rückwärtstreten" war vor dem Test von keinem Probanden jemals durchgeführt wurden. Es war also eine unbekannte und ungeübte Bewegungsaufgabe. Die Gruppenmittelwerte der Tretfrequenz unterschieden sich zwischen Vorwärts- und Rückwärtsbewegung erwartungsgemäß deutlich:

— Mittelwert vorwärts = 21 U/6 s
— Mittelwert rückwärts = 15 U/6 s

Eine Rangfolgebetrachtung innerhalb der Gruppen zeigt jedoch eine gleiche Rangfolge beim Vorwärts- und Rückwärtstreten. Probanden, die vorwärts die besten Tretfrequenzen erreichen, realisieren auch rückwärts die höchsten Frequenzen. Die Aussagen sind auch für die Kurbelfrequenzen der Arme belegbar. Gleiche Übertragungseffekte sind ebenfalls bei beidbeinigen und einbeinigen Nieder-Hoch-Sprüngen vorwärts und rückwärts sowie bei einarmigen und beidarmigen Kurbelfrequenzen nachweisbar (GUNDLACH 1987; HAUK 1988).

Azyklisches und zyklisches Zeitprogramm sind nach MÜLLER (1986), FISCHER (1989), LEHMANN/FISCHER (1989) selbständige elementare Grundprogramme und deshalb untereinander nicht übertragbar. **Azyklisches** und **zyklisches Zeitprogramm** sind demnach **zwei Erscheinungsformen der Schnelligkeit**.

 Azyklisches und zyklisches Zeitprogramm existieren relativ unabhängig voneinander. Sie sind zwei Erscheinungsformen der Schnelligkeit. Strukturähnliche Bewegungen werden auf der Grundlage gleicher Zeitprogramme gesteuert.

Zeitprogramme bei Bewegungen mit hohen Geschwindigkeitsanforderungen

Motorische Bewegungen mit hohen Geschwindigkeitsanforderungen benötigen einen entsprechenden Ausprägungsgrad der elementaren Schnelligkeit. In Abhängigkeit von der Struktur der Bewegung sind entweder die azyklische oder die azyklische und zyklische elementare Schnelligkeit bedeutsam. So sind z. B. Saltoabsprünge vorwärts und rückwärts mit Mehrfachdrehungen an ein entsprechendes elementares azyklisches Zeitprogramm gebunden.

Die bei Turnern der Meisterklasse ermittelten Bodenkontaktzeiten bei Absprüngen vorwärts lagen bei 60 bis 120 ms und bei Absprüngen rückwärts bei 80 bis 140 ms. Sowohl die Bodenkontaktzeiten beim Salto vorwärts als auch rückwärts liegen im kurzen Zeitprogramm und spiegeln einen hohen Ausprägungsgrad der elementaren azyklischen Schnelligkeit wider. Das Innervationsmuster ausgewählter Hauptmuskeln bei dieser Bewegung zeigt die typische Charakteristik des beschriebenen kurzen Zeitprogramms (Abb. 13).

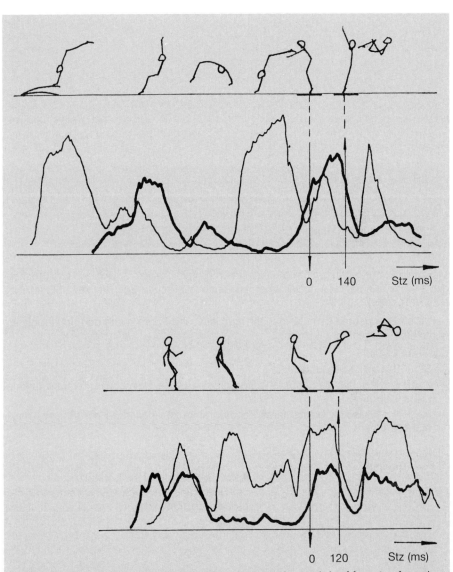

Abb. 13: Aktivitätscharakteristik des M. gastrocnemius und des M. rectus femoris eines Spitzenturners bei den Absprüngen der akrobatischen Elemente „Salto rückwärts" und „Salto vorwärts gehockt" sowie bei deren vorbereitenden Elementen (GUNDLACH 1987)
——— = M. gastrocnemius
――― = M. rectus femoris

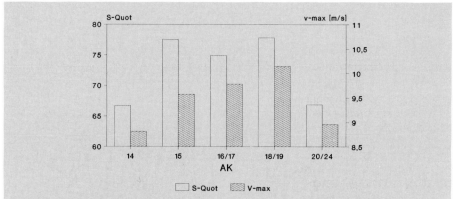

Abb. 14: Schnelligkeitsquotient (S-Quot) und maximale Geschwindigkeit (v-max) beim Sprintlauf (in Anlehnung an LEHMANN/FISCHER 1989)

Maximale Sprintleistungen (leichtathletischer Sprint) erfordern sowohl ein entsprechendes Niveau elementarer azyklischer als auch zyklischer Schnelligkeit (LEHMANN/FISCHER 1989).

Der Ausprägungsgrad kann für den leichtathletischen Sprint durch den Schnelligkeitsquotienten ausgedrückt werden:

SQ = ZeZP/AeZP
— SQ = Schnelligkeitsquotient
— ZeZP = zyklisches elementares Zeitprogramm (Hz) — Beintappingfrequenz (mindestens 12 Hz)
— AeZP = azyklisches elementares Zeitprogramm (s) — Nieder-Hoch-Sprung (maximal 169 ms)

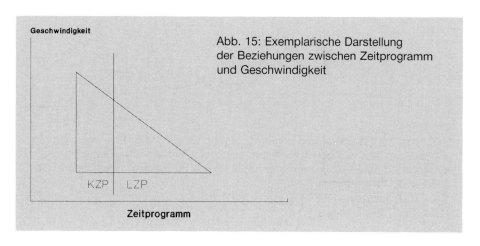

Abb. 15: Exemplarische Darstellung der Beziehungen zwischen Zeitprogramm und Geschwindigkeit

Entsprechend der Qualitätsgrenzen (12 Hz und 0,170 s) ist ein Quotient von mehr als 75 Ausdruck guter elementarer Schnelligkeitsvoraussetzungen für Sprintleistungen. Leistungen ab einem Geschwindigkeitsbereich von über 9,5 m/s erfordern einen entsprechenden Ausprägungsgrad des Schnelligkeitsquotienten (vgl. Abb. 14). Die Abb. 15 zeigt exemplarisch die Beziehungen zwischen Zeitprogramm und Geschwindigkeit.

Sportliche Bewegungen mit hohen Geschwindigkeitsanforderungen bedingen einen entsprechenden Ausprägungsgrad des elementaren azyklischen bzw. des elementaren azyklischen und zyklischen Zeitprogramms.

Wechselbeziehungen zwischen Zeitprogramm und Kraft

Kurze Zeitprogramme sind auf der Grundlage unterschiedlicher Kraftvoraussetzungen realisierbar. Korrelative Beziehungen zwischen dem Ausprägungsgrad der Kraftvoraussetzungen und dem elementaren Zeitprogramm sind weder bei Nachwuchssportlern unterschiedlicher Sportarten, noch bei Hochleistungsathleten nachweisbar (Abb. 16). Diese Aussage wird auch dadurch gestützt, daß einzelne nicht trainierende und trainierende Kinder sowohl kurze azyklische als auch kurze zyklische Zeitprogramme

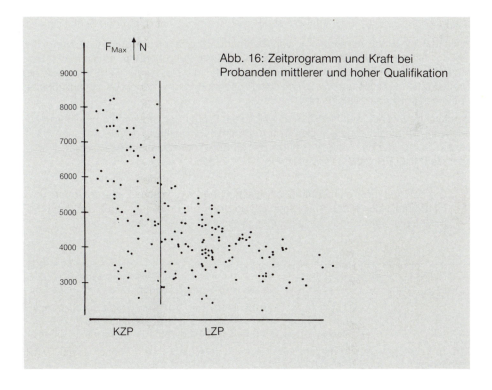
Abb. 16: Zeitprogramm und Kraft bei Probanden mittlerer und hoher Qualifikation

Alter	azyklisches Zeitprogramm (Stützzeit in ms)	Schnellkraft (EKA FIz^2/Stz)	Schnellkraft (Treibhöhe cm)
5	150	0,64	19
6	150	1,01	23
7	150	0,77	28
8	140	1,51	34
9	130	1,77	38
10	130	1,85	41
11	120	2,17	48
12	120	2,43	40
13	120	2,52	42
14	130	1,56	43
15	130	2,50	46

Tab. 4: Querschnittanalyse zum azyklischen Zeitprogramm und Schnellkraftniveau bei Turnerinnen (Bestwerte der jeweiligen Altersklasse) (in Anlehnung an GUNDLACH 1987) (EKA = Effektivitätskoeffizient des Absprungs nach AMBAROV u. a. 1982)

realisieren. Tab. 4 zeigt dies am Beispiel von untersuchten Turnerinnen. Alle Turnerinnen realisieren ein kurzes Zeitprogramm (Stützzeit < 170 ms) und verfügen somit über ein qualitativ hohes Niveau der azyklischen elementaren Schnelligkeit. Die erreichten Schnellkraftleistungen (EKA = Schnellkraftkoeffizient und Treibhöhe) unterscheiden sich jedoch wesentlich voneinander und verdeutlichen das unterschiedliche Kraftniveau.

Auch bei extremer Veränderung von Rahmenbedingungen bei der Ausführung der Übung „Nieder-Hoch-Sprung" bleibt das individuelle Zeitprogramm erhalten, wie Tab. 5 verdeutlicht. Dies ist insofern bedeutsam, als mit steigender Fallhöhe auch die Bremskräfte deutlich zunehmen. Einzelne Probanden fangen dabei das 15- bis 20fache des eigenen Körpergewichts ab.

Vergleiche zwischen männlichen und weiblichen Probanden stützen die Ergebnisse zur relativen Kraftunabhängigkeit des Zeitprogramms. Elementares azyklisches und zyklisches Zeitprogramm zeigen keine ausgeprägten geschlechtsspezifischen Unterschiede (MÜLLER 1986; LEHMANN/FISCHER 1989).

Die Qualität des elementaren azyklischen und zyklischen Zeitprogramms wird nicht primär durch den Ausprägungsgrad der Kraftvoraussetzungen bestimmt und zeigt keine eindeutigen geschlechtsspezifischen Unterschiede.

Proband	Zeitprogramm	Fallhöhe				
		23 cm	48 cm	68 cm	88 cm	108 cm
A	kurz	113 ms	127 ms	125 ms	124 ms	127 ms
B	lang	188 ms	204 ms	207 ms	194 ms	200 ms
C	kurz/lang	114 ms	129 ms	165 ms	175 ms	187 ms

Tab. 5: Zeitprogramm und mittlere Stützzeit bei unterschiedlichen Fallhöhen ausgewählter Probanden

Ermüdbarkeit und Stabilität von Zeitprogrammen

Die Überprüfung der Ermüdbarkeit und Stabilität von Zeitprogrammen erfolgte bei Sportlern unterschiedlicher Qualifikation in verschiedenen Sportarten am elementaren azyklischen Zeitprogramm.

Entsprechend der Qualifikation schwankte der Belastungsumfang zwischen 25, 50 und 100 Nieder-Hoch-Sprüngen in Folge aus einer Fallhöhe von 35 cm. Im Rahmen einer Laboruntersuchung wurde eine Extrembelastung von 300 Nieder-Hoch-Sprüngen absolviert (BAUERSFELD u.a. 1990). Die Probanden hatten die Aufgabe, um den Schnelligkeitsanforderungen gerecht zu werden, bei jedem Versuch so schnell wie möglich abzuspringen. Nach jedem Versuch erfolgte eine akustische Information zur erreichten Bodenkontaktzeit und Flugzeit. Das Tempo der Sprünge konnte individuell gestaltet werden. Es lag zwischen 10 und 14 Sprüngen pro Minute, die Gesamtbelastung dauerte 21 bis 30 Minuten.

Die gewählte Belastung ist eine nicht typische Schnelligkeits-Schnellkraft-Belastung. Sie wurde jedoch absichtlich aus der Erfahrung vorhergehender Untersuchungen so gewählt, um die Stabilität von Zeitprogrammen abprüfen zu können (BAUERSFELD 1984; MEYER/NARVELEIT 1986). Aus der untersuchten Probandengruppe mittlerer Qualifikation (Sportstudenten) realisierten vier Probanden das kurze Zeitprogramm und zwei Probanden das lange Zeitprogramm. Die erreichten Stützzeiten (10er Schnitt) verdeutlichen, daß keiner der Probanden während der gesamten Belastung sein individuelles Zeitprogramm verläßt (Abb. 17).

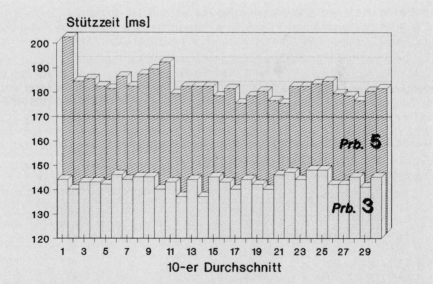

Abb. 17: Mittlere Stützzeit (10er Durchschnitt) bei 300 Nieder-Hoch-Sprüngen (am Beispiel von zwei ausgewählten Probanden)

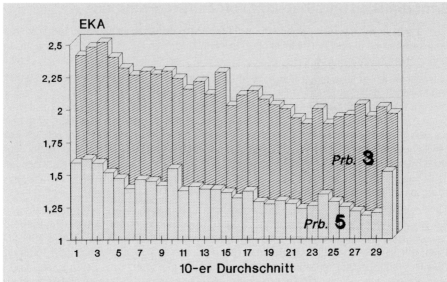

Abb. 18: Mittlerer Schnellkraftkoeffizient EKA (10er Durchschnitt) bei 300 Nieder-Hoch-Sprüngen (am Beispiel von zwei ausgewählten Probanden)

Obwohl der Proband 3 ein kurzes und der Proband 5 ein langes Zeitprogramm realisieren, also qualitativ unterschiedliche Programme, sind innerhalb der Programme bei beiden Probanden ähnliche Schwankungen erkennbar (Abb. 18).
Die Schnellkraftkoeffizienten (ausgedrückt durch den EKA = Flugzeit^2/Stützzeit) verdeutlichen, daß mit zunehmender Sprunganzahl die Leistung stark abfällt. Der Leistungsabfall verhält sich in beiden Programmen ebenfalls ähnlich. Er beträgt im kurzen Zeitprogramm (Bezugspunkt ist der Durchschnitt der ersten 30 Versuche) 20,6 Prozent und im langen Zeitprogramm 18,8 Prozent. Der nochmalige Leistungsanstieg in der letzten Versuchsserie bei Proband 5 (langes Zeitprogramm) deutet auf eine hohe willkürliche Mobilisation hin, die einer weiteren differenzierten Auswertung bedarf.

Proband Nr.	Anzahl der Sprünge	Gesamtzeit	Zeitprogramm		FVF	
			KZP	LZP	Vst	n.B. (5 Min)
1	200	24:13	x		44	44
2	250	19:45	x		43	43
3	300	29:55	x		43	45
4	300	20:17	x		39	39
5	300	26:05		x	39	39
6	300	26:38		x	43	47

Tab. 6: Flimmerverschmelzungsfrequenz (FVF), Gesamtzeit und Anzahl der Sprünge (KPZ = kurzes Zeitprogramm, LZP = langes Zeitprogramm, Vst = Vorstartzustand, n. B. = nach Belastung)

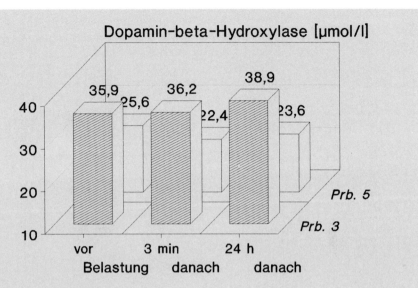

Abb. 19: Dopamin-Beta-Hydroxylase vor und nach Belastung (am Beispiel von zwei ausgewählten Probanden)

Die untersuchten Parameter, die Rückschlüsse auf den Beanspruchungsgrad neuromuskulärer und zentralnervaler Belastungen (Flimmerverschmelzungsfrequenz, Dopamin-Beta-Hydroxylase, Blutammoniak) gestatten, zeigen weder im kurzen Zeitprogramm noch im langen Zeitprogramm Reaktionen.

Die Flimmerverschmelzungsfrequenz ist die Frequenz, bei der mit dem Auge das Aufleuchten und Erlöschen einer Leuchtdiode nicht mehr erkennbar ist und die Diode als ständig leuchtend erscheint — ähnlich wie die Bilder am Fernsehgerät nicht als Einzelbilder erkennbar sind. Die Flimmerverschmelzungsfrequenz gibt Aufschluß über den Grad der zentralnervalen Beanspruchung (vgl. auch Tab. 6).

Die Dopamin-Beta-Hydroxylase ist ein Indikator für den Mangel an Noradrenalin an den Synapsen. Sie zeigt somit die Beanspruchung der Synapsen, also der neuromuskulären Übertragungsmechanismen, an (Abb. 19).

Das Blutammoniak gibt ebenfalls einen Transmittermangel an und zwar den im Kleinhirn, welches maßgeblich die gesamte Motorik steuert. Blutammoniak ist somit ein Indikator für die Beanspruchung des Kleinhirns.

Blutlaktat und Kreatinkinase — Parameter, die energetische Belastungen der Muskulatur reflektieren — zeigen die erwarteten Reaktionen (Abb. 20 und 21).
Der Leistungsabfall ist vordergründig auf die Beanspruchung des energetischen Potentials des Muskels zurückzuführen.

Vergleichbare Untersuchungen mit Nachwuchssportlern der Altersklassen 12 bis 15 bei einer Sprungbelastung von 100 Sprüngen in Folge führen zum gleichen Ergebnis.

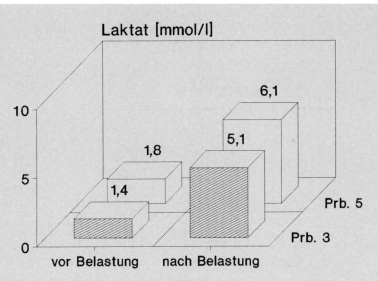

Abb. 20: Laktatwerte vor und nach Belastung (am Beispiel von zwei ausgewählten Probanden)

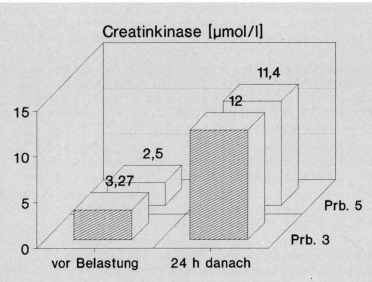

Abb. 21: Kreatinkinase vor und nach der Belastung (am Beispiel von zwei ausgewählten Probanden)

Ein einmal ausgebildetes neuromuskuläres Impulsmuster verliert mit hoher Wahrscheinlichkeit auch bei großer Wiederholungsdichte nicht an Qualität. Das zeitliche Impulsmuster trifft jedoch auf einen Muskel, der erhebliche Mängel in der Energiebereitstellung aufweist und damit den Impuls nicht wie erforderlich verarbeiten kann. Dies birgt eine hohe Verletzungsgefahr in sich. Bei den untersuchten Probanden kann man davon ausgehen, daß sie über ein individuell relativ stabiles Zeitprogramm verfügen, das auch bei Extrembelastungen nicht zerstört wird.

Eine ähnlich hohe Stabilität zeigte sich bereits bei den extremen Veränderungen der Rahmenbedingung Fallhöhe (vgl. Tab. 5). Diese hohe Stabilität eines einmal ausgebildeten Zeitprogramms läßt den Schluß zu, daß das bioenergetische Potential des Muskels offensichtlich nur in einem bestimmten Zeitprogramm zum Wirken kommt. Modelluntersuchungen von BEHREND (1988) beim Nieder-Hoch-Sprung stützen diese Position.

Der Vergleich der Momentverläufe (Ausdruck aufgebrachter Muskelkräfte) zwischen langem und kurzem Zeitprogramm zeigt deutliche Differenzierungen (Abb. 22 und 23).

Mit Stützbeginn treten im kurzen Zeitprogramm aktive Momente auf, die frühzeitig ihr Maximum erreichen und einen kontinuierlichen Verlauf nehmen. Für das lange Zeitprogramm sind ein „verzögerter" Momentverlauf und mehrere Extrema typisch, die teilweise weit über dem Niveau des kurzen Zeitprogramms liegen.

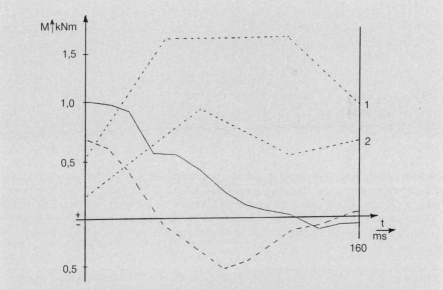

Abb. 22: Momentverläufe (M) und Innervationscharakteristik beim Nieder-Hoch-Sprung kurzes Zeitprogramm (BEHREND 1988)
— = Momentverlauf Fußgelenk   1 = M. gastrocnemius
..... = Momentverlauf Kniegelenk   2 = M. rectus femoris

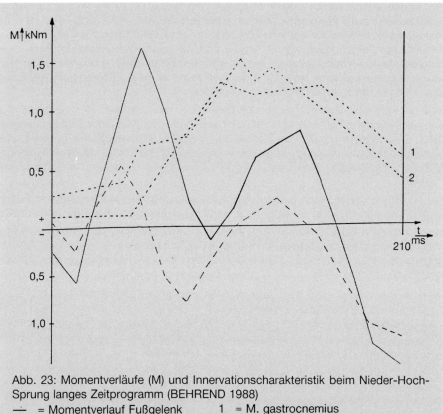

Abb. 23: Momentverläufe (M) und Innervationscharakteristik beim Nieder-Hoch-Sprung langes Zeitprogramm (BEHREND 1988)
— = Momentverlauf Fußgelenk   1 = M. gastrocnemius
····· = Momentverlauf Kniegelenk 2 = M. rectus femoris

Die Momentverläufe reflektieren die stark voneinander abweichenden Innervationsmuster (innere Bewegungsstrukturen). Durch Modellierung ausgewählter äußerer Bedingungen (Raum-Zeit-Struktur) wurde dem typischen Bewegungsverhalten des langen Zeitprogramms ein „schnelleres" Durchlaufen der Bewegung auferlegt. Im Ergebnis dessen werden Momente erreicht, die willkürlich nicht realisierbar bzw. vertretbar sind (vgl. Tab. 7).

Modellvariante	Stz [ms]	M-Fußgelenk [kNm]	M-Kniegelenk [kNm]
LZP	210	$-1{,}61 \leq M \leq 1{,}58$	$-0{,}88 \leq M \leq 0{,}68$
LZP zu KZP	160	$-3{,}24 \leq M \leq 3{,}57$	$-3{,}05 \leq M \leq 1{,}68$
KZP	160	$-0{,}11 \leq M \leq 1{,}09$	$-0{,}41 \leq M \leq 0{,}70$

Tab. 7: Momentvergleich zwischen Zeitprogrammen und Modellvariante lang zu kurz beim Nieder-Hoch-Sprung (BEHREND 1988)

Eine Simulationsvariante im Bereich vertretbarer Momente (die nicht zu Schädigungen im Stütz- und Bewegungssystem führen) gestattete maximal Stützzeiten von 180 ms. Dies entspricht dem langen Zeitprogramm. Der Momentverlauf und die neuromuskuläre Ansteuerung blieben dabei in der typischen Charakteristik des langen Zeitprogramms erhalten.

Gelingt es nicht, das Innervationsmuster in seiner Qualität zu verändern, also ein neues Zeitprogramm auszubilden, bleibt das bioenergetische Potential der Muskulatur auf dieses Programm begrenzt.

> Einmal ausgebildete Zeitprogramme besitzen eine hohe Stabilität. Entspricht das ausgebildete Zeitprogramm nicht den perspektivischen Anforderungen, wird es zum leistungsbegrenzenden Faktor, weil das bioenergetische Potential des Muskels nur innerhalb dieses Programms wirkt.

Resümiert man die Ergebnisse zum Zeitprogramm insgesamt, befinden sie sich teilweise in Übereinstimmung, aber auch im Widerspruch mit Positionen anderer Autoren. Hinweise auf die Existenz solcher Zeitprogramme, jedoch begrifflich anders gefaßt (Zeitstruktur, Programm, Bewegungsprogramm u.a.), sind z.B. bei SCHMIDTBLEICHER/GOLLHOFER (1982), JANSSEN (1983), VOGLER (1984) oder ZINTL (1989) zu finden.

Obwohl die Aussagen zum azyklischen Zeitprogramm ausschließlich an Brems-Beschleunigungs-Bewegungen (Dehnungs-Verkürzungs-Zyklen) geprüft wurden, kann man davon ausgehen, daß sie eine hohe Allgemeingültigkeit besitzen, da eine Vielzahl der eingesetzten Körperübungen im Training dieser Grundstruktur entspricht. Untersuchungen an schnellkräftigen Zugbewegungen (HAUPTMANN 1990) und isometrischen Druckbewegungen (JUNKER 1987) stützen die Aussagen zum Zeitprogramm insgesamt.

> Das Zeitprogramm erfüllt die Ansprüche an eine elementare Leistungsvoraussetzung.
> Die Schnelligkeit ist somit eine elementare Leistungsvoraussetzung. Sie wird durch die Qualität neuromuskulärer Steuer- und Regelprozesse bestimmt, die sich bei azyklischen und zyklischen Bewegungen in bewegungsspezifischen Zeitprogrammen widerspiegeln. Azyklische und zyklische Zeitprogramme sind zwei Erscheinungsformen der Schnelligkeit.

Praxisteil

Zur Vervollkommnung des Schnelligkeitstrainings

Die vorliegenden Ergebnisse geben vielfältige Anregungen zur weiteren Vervollkommnung des Schnelligkeitstrainings. Ein umstrittenes Problem dabei ist die Trainierbarkeit der Schnelligkeit. Es existiert die Auffassung, daß sie eine anlagebedingte Leistungsvoraussetzung und so gut wie nicht bzw. nur sehr schwer trainierbar ist. Diese Meinung liegt offensichtlich darin begründet, daß das Schnelligkeitstraining noch vorrangig als eine spezielle Form des Trainings konditioneller, d.h. energetisch determinierter Leistungsvoraussetzungen angesehen und dementsprechend gestaltet wird.

Auch wenn die Erfahrungen dieser Form des Trainings nicht prinzipiell in Frage gestellt werden, wird doch sichtbar, daß die Ausbildung der Schnelligkeit als eine elementare neuromuskuläre Leistungsvoraussetzung hier nur unzureichend gesichert wird. Querschnittanalysen zum Ausprägungsgrad dieser Leistungsvoraussetzungen weisen darauf hin, daß herkömmliches Schnelligkeitstraining bei Nachwuchsleichtathleten (Altersklasse 13 bis 15) in den Sprungdisziplinen zu keinen qualitativen Veränderungen neuromuskulärer Strukturen führte. Weder beim Nieder-Hoch-Sprung (Zeitprogrammgrenze ca. 170 ms) noch beim Weitsprung (Zeitprogrammgrenze ca. 120 ms) noch beim Hochsprung (Speed-Flop — Zeitprogrammgrenze ca. 160 ms) sind qualitative Veränderungen sowohl nach kurzzeitigen als auch nach längerfristigen Trainingsabschnitten erkennbar.

Tab. 8 gibt einen Überblick über die Entwicklung der Absprungzeiten und Zeitprogramme beim Hochsprung von 1986 zu 1987 und beim Weitsprung über bis zu vier Untersuchungstermine (Wettkampfanalysen und Leistungsdiagnostika) innerhalb von zwei Jahren (1986 bis 1988).

Auch in Disziplinen mit maximalen Anforderungen an die Bewegungsfrequenz (z.B. Sprintdisziplinen der Leichtathletik) sind nur geringe Entwicklungen zu verzeichnen (ERDMANN 1983). Bereits in den Altersklassen 9 und 12 erfolgen Geschwindigkeitssteigerungen fast ausschließlich über die Entwicklung der Schrittlänge. Die Schrittfrequenzen bleiben nahezu unverändert (Abb. 24). Auch hier wird die Frage nach der Trainierbarkeit oder einer unzureichenden Wirksamkeit eingesetzter Mittel und Methoden aufgeworfen.

Diese Situation ist nicht nur typisch für das Nachwuchstraining, sondern spiegelt sich auch in ähnlicher Art und Weise im Hochleistungstraining wider.

So weisen z.B. BOTHMISCHEL/HALBING (1982) nach, daß die biomechanische Struktur von Absprüngen im Hochleistungsbereich eine erstaunlich hohe Stabilität besitzt.

Disziplin	n	Verkürzung Stützzeit	Verlängerung Stützzeit	zum kurzen Programm
Hochsprung	29	4/13,8 %	4/13,8 %	0/0 %
Weitsprung	43	7/16,3 %	8/18,6 %	0/0 %

Tab. 8: Absprungzeit- und Zeitprogrammveränderungen (n = Anzahl) im Hoch- und Weitsprung im Längsschnitt über ein bzw. zwei Jahre und ihr prozentualer Anteil an der Gesamtstichprobe

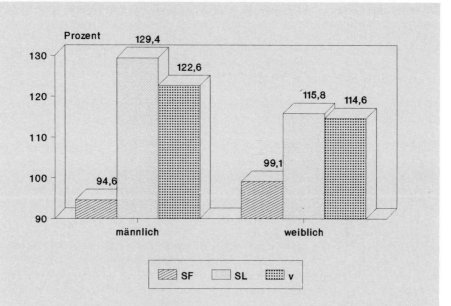

Abb. 24: Mittelwerte der Schrittfrequenzen (SF), Schrittlängen (SL) und Laufgeschwindigkeiten (v) auf einem 10-m-Abschnitt im Bereich der maximalen Geschwindigkeit in den Altersklassen 9 und 12 (in Anlehnung an ERDMANN 1983)

Die charakteristischen Kraft- Zeit-Verläufe von Hochsprungabsprüngen bei Hochleistungsspringern bleiben über Jahre hinweg unverändert, obwohl sich in diesem Zeitraum Sprunghöhen und Anlaufgeschwindigkeiten deutlich verändern (Abb. 25). Diese und auch andere Analysen deuten insgesamt auf eine scheinbare Nichttrainierbarkeit der Schnelligkeit hin. Der Organismus reagiert entsprechend dem Charakter der Trainingsanforderungen mit morphologischen und funktionellen Anpassungen. Fehlen die entsprechenden Trainingsanforderungen oder werden zu viele andersgeartete Traingsanforderungen realisiert, kommt es nur ungenügend oder gar nicht zu den angestrebten Entwicklungen. In diesem Fall läge die scheinbare Nichttrainierbarkeit in einer nichtadäquaten Trainingsanforderung begründet. Eine Trainingsmittelanalyse im Radsport (Abb. 26) verdeutlicht dies exemplarisch (JUNKER 1984).

Erprobungsexperimente belegen, daß neuromuskuläre Steuer- und Regelprozesse ausgebildet werden können. Ihre funktionelle Prägung ist ein tätigkeitsabhängiger Prozeß, der durch die gestellten äußeren Anforderungen bestimmt wird. In der biologischen Ontogenese ist dafür der Zeitabschnitt vom frühen Schulalter bis zum Abschluß der biologischen Reife besonders günstig. In diesem Zeitabschnitt vollziehen sich unter anderem die Prägung zentralnervaler Strukturen, die Ausdifferenzierung der Muskelfaserstruktur, die Entwicklung des Stütz- und Bewegungssystems sowie die hormonelle Umstellung, die Einfluß auf die Ausbildung der Schnelligkeit ausüben.

Da sich Aktivierungs- und Hemmungsprozesse im späteren Lebensalter träger entwikkeln, ist die Ausführung von schnellen Bewegungen besonders in jungem Alter bedeutsam. Ihr frühzeitiges Üben unterstützt den motorischen Lernprozeß und wirkt sich später positiv auf schnellkräftige, kraftvolle und auch ausdauernde Bewegungsabläufe aus. Die Erhöhung der Schnelligkeitsvoraussetzungen im Kinder- und Jugendtraining ist deshalb ein bedeutsamer Faktor.

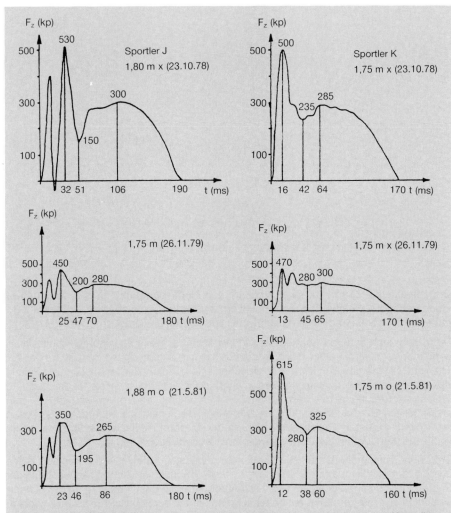

Abb. 25: Kraft-Zeit-Verläufe (vertikale Komponente) von Hochsprung-Absprüngen von zwei Hochspringerinnen aus verschiedenen Trainingsjahren (BOTMISCHEL/HALBING 1982)

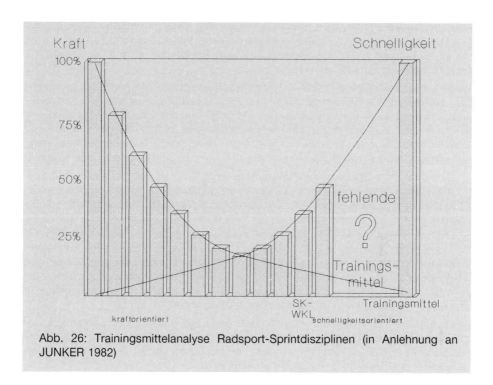

Abb. 26: Trainingsmittelanalyse Radsport-Sprintdisziplinen (in Anlehnung an JUNKER 1982)

Neuromuskuläre und energetische Prozesse wirken bei allen sportlichen Bewegungen zwar gemeinsam, folgen bei ihrer Ausbildung jedoch unterschiedlichen Gesetzmäßigkeiten und Zeitkonstanten. Dieser Tatbestand ist bei der Ausbildung der Schnelligkeit als elementare neuromuskuläre Leistungsvoraussetzung unbedingt zu berücksichtigen. Es ist deshalb zwischen elementarem und komplexem Schnelligkeitstraining zu differenzieren.

Elementares Schnelligkeitstraining

Die Ausbildung der Schnelligkeit muß einerseits auf biologische Grundlagen, wie z.B. die motorischen Nervenleitgeschwindigkeiten, die motorischen Reflexzeiten (Muskeleigenreflexe), die Muskelfaserverteilung bzw. die Ausprägung der schnell kontrahierenden Muskelfasern (FT-Fasern), und andererseits auf das optimale Zusammenwirken des Nerv-Muskel-Systems, also die neuromuskuläre Steuerung und Regelung, ausgerichtet werden.

Die Untersuchungen zum Zusammenhang zwischen Schnelligkeit und biologischen Grundlagen (vgl. den Abschnitt „Azyklisches und zyklisches Zeitprogramm", Seite 18 bis 23) zeigen, daß bei der Mehrzahl der Sportler zur Zeit in diesen Faktoren nicht die entscheidenden Defizite bestehen. Demgegenüber sind in der neuromuskulären Steuerung und Regelung erhebliche Reserven vorhanden.

Neuromuskuläre Steuerungen und Regelungen sind Teile informationeller Prozesse. Das Training von Informationsprozessen wurde bisher fast ausschließlich in Verbindung mit dem Techniktraining gesehen. Für diesen Trainingsbereich liegen zahlreiche Erkenntnisse und Erfahrungen vor.

Weder ein schnelligkeitsorientiertes Techniktraining nach der Methodik der sporttechnischen Ausbildung (VOSS 1985; KRÜGER/HIRSCH 1987) noch ein spezielles konditionelles Training nach den Prinzipien des Trainings energetischer Prozesse führte zu Veränderungen von Zeitprogrammen. Ihre Ausbildung ist folglich an eigene, spezifische Trainingsanforderungen gebunden. Anregungen dazu geben Theorien zur Aneignung motorischer Gedächtnisinhalte, die sich prinzipiell in zwei Auffassungen widerspiegeln:

— Die sogenannte **Spurenveränderungstheorie** geht davon aus, daß erstmals erworbene Gedächtnisinhalte durch „Weiterlernen" ergänzt bzw. verändert, also vervollkommnet werden (KUHN 1984). Die Gedächtnisspuren werden verändert — korrigiert.

— Die **Engrammtheorie** basiert auf der Auffassung, daß der erstmals aufgenommene motorische Lerninhalt in Form eines dynamischen Engramms — einer noch nicht stabilen Gedächtnisspur — gespeichert wird. Bereits nach wenigen gleichartigen Wiederholungen wird es in ein statisches Engramm überführt, welches dann sehr stabil ist (KÜCHLER 1983). Dies gilt auch für fehlerhaft erlernte Bewegungen — in diesem Fall wird das „Fehlerprogramm" abgespeichert.

Das derzeitige Techniktraining beruht noch weitestgehend auf der Spurenveränderungstheorie. Eine Technik wird in ihrer „Grobform" erlernt und soll im Laufe der sportlichen Entwicklung immer mehr verfeinert (korrigiert) werden, so daß im Hochleistungsalter die Idealtechnik möglichst erreicht wird.

Dieser Weg hat sich in den letzten Jahren in der Praxis als in hohem Maße untauglich bzw. zumindest ineffektiv herausgestellt, da eine wirkungsvolle Fehlerbeseitigung in den seltensten Fällen gelungen ist. Im Schnelligkeitstraining wird von Anfang an die Ausbildung effektiver stabiler elementarer neuromuskulärer Zeitprogramme angestrebt.

Für die „Engrammtheorie" sprechen darüber hinaus Erfahrungen bzw. psychologische Phänomene, z.B. die besonders nachhaltigen Wirkungen von „Erstinformationen" in den Massenmedien oder die Entstehung von „Ohrwürmern" (eine gefällige Melodie, die man ein einziges Mal im Radio gehört hat, wird immer wieder gesummt und geht einem nicht aus dem Kopf, obwohl sie inzwischen vielleicht schon nicht mehr als angenehm empfunden wird) oder aber die bereits erwähnten Probleme bei der Beseitigung von Technikfehlern.

Aus diesen Gründen ist aus der Sicht des Schnelligkeitstrainings die Engrammtheorie eindeutig zu favorisieren, und der Ausbildung der Schnelligkeit wird somit die Engrammtheorie zugrunde gelegt. Das hat vor allem Konsequenzen für die Auswahl und den Einsatz der Körperübungen.

Körperübungen im elementaren Schnelligkeitstraining

Mit dem elementaren Schnelligkeitstraining wird das Ziel verfolgt, ein möglichst effektives neuromuskuläres Programm auszubilden, das den perspektivischen Ansteue-

- leichtere Geräte (Bälle, Wurfgeräte, Ringerpuppen, Paddel u.a.m.)
- kleinere Geräte (Bälle, Geräteeinstellungen im Gerätturnen, Paddel, Boote, dünnere Barrenholme, Reckstangen)
- Körpergewichtsentlastung (Hilfsgeräte, Absprunghilfen, Frequenztrainer u.a.m.)
- Veränderung von Wettkampfbedingungen (Spielfeldgröße, Netzhöhe, Streckenlänge, Gewicht und Abmessungen von Wettkampfgeräten u.a.m.)
- Vorgabe prognostischer Geschwindigkeiten bzw. Zeitprogramme (Laufband, Motorergometer, EMS, akustische Signalgeber u.a.m.)

Tab. 9: Möglichkeiten zur Sicherung von Übungsbedingungen für die Ausbildung der Schnelligkeit

rungsqualitäten entspricht (kurzes Zeitprogramm). Es sollte relativ allgemeingültig sein, um eine möglichst große Gruppe von Übungen steuern zu können. Dafür eignen sich sowohl allgemeine Übungen, Spezialübungen als auch die Wettkampfübung. Die Nutzung allgemeiner und Spezialübungen schließt jedoch ein, daß sie die Programmanforderungen der Wettkampfübung ausreichend reflektieren.

Bei der Ausbildung perspektivischer Ansteuerungsqualitäten sind bei der Übungsausführung die **Rahmenbedingungen** so zu verändern, daß neuromuskuläre Prognosestrukturen erreichbar sind. Derartige Rahmenbedingungen im Training zu gewährleisten erfordert nicht primär die Suche nach neuen Übungen, sondern die Sondierung des derzeitigen vielfältigen Übungsspektrums unter diesem Zielaspekt. Tab. 9 gibt einen Überblick zur Sicherung unterschiedlicher Rahmenbedingungen bei der Ausbildung der Schnelligkeit.

Die Nutzung von Spezialübungen und der Wettkampfübung bei der Ausbildung elementarer Zeitprogramme erfordert in der Regel gerätetechnische Lösungen. Bei Nachwuchssportlern kann mit relativ einfachen allgemeinen Übungen ein elementares Zeitprogramm ausgebildet und ein nahezu gleicher Trainingseffekt erreicht werden. Die Sicherung notwendiger Rahmenbedingungen ist dabei mit einem geringeren gerätetechnischen Aufwand möglich.

Als Ergebnis mehrerer Erprobungsexperimente zur Ausbildung azyklischer Zeitprogramme der unteren Extremitäten konnten qualitative Veränderungen nachgewiesen werden. Als Trainingsübung kam der Nieder-Hoch-Sprung beidbeinig mit einer **Körpergewichtsentlastung** von 70 bis 200 N (30 bis 50 Prozent des Körpergewichts) zum Einsatz.

Die Nieder-Hoch-Sprünge wurden aus Fallhöhen zwischen 35 und 40 cm durchgeführt. Die Entlastung des Körpergewichts erfolgte mittels einer „Sprungspinne" (DEHMEL/ MÜLLER 1984; VOSS 1985; GUNDLACH 1987; BEHREND 1988; FISCHER 1989). Sie besteht aus einem Gurtsystem, das der Sportler anlegt und an dem Expander-Gummiseile befestigt sind. Die Gummiseile werden über dem Sportler angebracht (Basketballkorb, Hallendach, starker Ast u.a.m.). Das Körpergewicht des Sportlers wird während der Stützphase durch die Zugwirkung der Gummiseile entlastet (vgl. Bildreihe 2 auf S. 50).

Dem Sportler wird dadurch die Möglichkeit gegeben, die Bewegung schneller auszuführen und somit ein neues Zeitprogramm aufzubauen. Die qualitativen Zeitprogramm-

Bildreihe 2 (von rechts nach links): Nieder-Hoch-Sprung mit Unterstützung durch eine Sprungspinne

veränderungen nach einem solchen akzentuierten Training spiegeln sich im Elektromyogramm in einem veränderten zeitlichen Innervationsmuster, dem kurzen Zeitprogramm, wider (vgl. Abb. 27). Das körpergewichtsentlastende Training wurde bei dieser Sportlergruppe (Turnerinnen der Altersklasse 7) zweimal pro Woche über einen Zeitabschnitt von 6 Wochen durchgeführt. Der Belastungsumfang ist in Tab. 10 dargestellt. Obwohl bei diesen Experimenten keine besonderen technischen Hinweise zur Ausführung der Übung gegeben wurden, veränderte sich bei allen Sportlerinnen, die einen Wechsel zum kurzen Zeitprogramm erreichten, das technische Lösungsverfahren.

Das im Training unter erleichterten Bedingungen ausgebildete neue Programm wird nach dem Experimentaltraining auch unter Normalbedingungen reproduziert. Nicht allen Sportlerinnen gelingt es, unter diesen Bedingungen ein kurzes Zeitprogramm auszubilden. Dies deutet darauf hin, daß die gewählten Rahmenbedingungen bei ihnen nicht ausreichend zielgerichtet wirken oder auch andere Faktoren (z.B. Anlagenbedingtheit) dies verhindern.

Kontrolluntersuchungen nach 20 bzw. 35 Wochen weisen auf eine hohe Stabilität der ausgebildeten Zeitprogramme hin. Obwohl in diesem Zeitabschnitt das im Experimentaltraining angewendete Verfahren nicht mehr zum Einsatz kam, realisierten alle Sportler ihr neu erworbenes Zeitprogramm weiterhin (GUNDLACH 1987; BEHREND 1988).

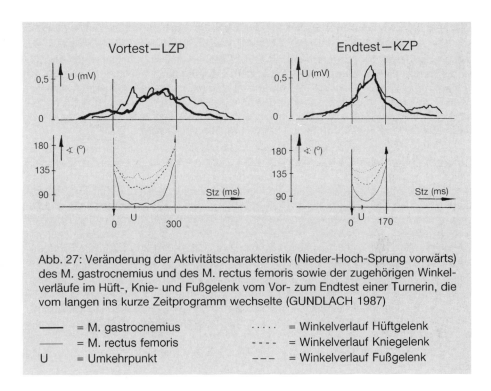

Abb. 27: Veränderung der Aktivitätscharakteristik (Nieder-Hoch-Sprung vorwärts) des M. gastrocnemius und des M. rectus femoris sowie der zugehörigen Winkelverläufe im Hüft-, Knie- und Fußgelenk vom Vor- zum Endtest einer Turnerin, die vom langen ins kurze Zeitprogramm wechselte (GUNDLACH 1987)

——— = M. gastrocnemius	····· = Winkelverlauf Hüftgelenk
——— = M. rectus femoris	- - - - = Winkelverlauf Kniegelenk
U = Umkehrpunkt	— — — = Winkelverlauf Fußgelenk

Die Wirksamkeit des körpergewichtsentlastenden Trainings kann durch die **sofortige Weitergabe von Informationen** unterstützt werden. Sofortinformationen über realisierte Stützzeiten beeinflussen Motivation und Selbstkontrolle des Sportlers positiv, und die Fremdkontrolle durch den Trainer wird objektiver.

Um eine höhere Gerichtetheit des Trainingsreizes zu erreichen, wurde der Einsatz der **Elektromyostimulation** (EMS) geprüft. In einem Erprobungsexperiment (VOSS u.a. 1988) mit Sportstudenten wurde von der Hypothese ausgegangen, daß es mittels EMS möglich ist, nicht nur den Muskel selbst in seiner Leistungsfähigkeit, sondern auch seine Ansteuerung zu verändern (RADEMACHER u.a. 1978).

Sprünge	1. Wo	2. Wo	3. Wo	4. Wo	5. Wo	6. Wo	7. Wo	Summe
vorwärts	2x6	3x6	3x6	4x6	3x6	5x6	1x5 3x6	143
rückwärts	2x6	2x6	3x6	4x6	4x6	5x6	1x5	125
								268

Tab. 10: Trainingsumfang beim körpergewichtsentlastenden Training (in Anlehnung an GUNDLACH 1987)

Eine mögliche Variante für den Einsatz der EMS zur Prägung kurzer Zeitprogramme war, das charakteristische Innervationsmuster durch Stimulation vorzugeben (Abb. 28). Vier Reizstromgeräte „Jogger" und eine EMS-Steuerschaltung stellten beim Nieder-Hoch-Sprung sicher, daß ca. 40 ms vor dem Bodenkontakt beginnend, ein 180 ms langer Impuls synchron auf vier Stimulationsstellen (M. rectus femoris und M. gastrocnemius an jeweils beiden Beinen) abgegeben wurde. Die Triggerung erfolgte mittels einer ca. 10 cm über dem Boden eingestellten Lichtschranke, die während der Fallphase mit den Füßen durchquert werden mußte (vgl. Bildreihe 3).

Zwei Versuchspersonen realisieren bereits zum Ausgangstest ein kurzes Programm (1 und 2). Zwei Sportler erreichen Stützzeiten, die dem Übergangsbereich zwischen beiden Programmen zuzuordnen sind, wovon eine nach dem Experimentaltraining in das kurze Programm wechselt (3). Von den vier Versuchspersonen im langen Programm wechseln zwei in das kurze (4 und 5), eine in den Übergangsbereich (6), und nur eine Versuchsperson (8) konnte das kurze Zeitprogramm bzw. den Übergangsbereich nicht erreichen. Sie entwickelt sich aber um ca. 40 ms in der Stützzeit. Insgesamt verkürzen sechs der acht Versuchspersonen ihre Stützzeiten (Abb. 29). Die Stützzeitentwicklungen sind auf dem 1-Prozent-Niveau statistisch gesichert (WILKOXON-Test).

Nach dem Experimentaltraining werden unter Normalbedingungen jene Stützzeiten realisiert, die im Training unter EMS erreicht wurden. Im Elektromyogramm ist eine Annäherung des Muskeleinsatzes an das durch die EMS vorgegebene Reizmuster sichtbar. Der Beginn der Vorinnervation verlagert sich nach vorn, auf ca. 40 ms vor dem

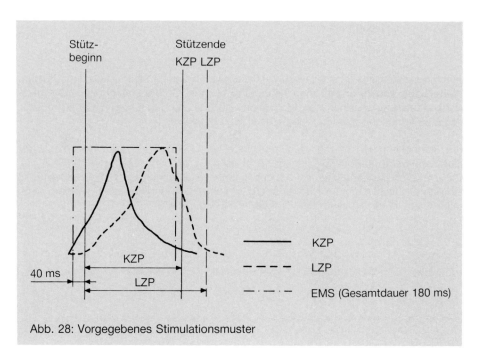

Abb. 28: Vorgegebenes Stimulationsmuster

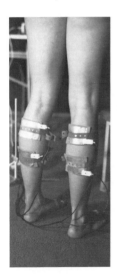

Bildreihe 3: Nieder-Hoch-Sprung mit Unterstützung durch Elektromyostimulation am M. gastrocnemius

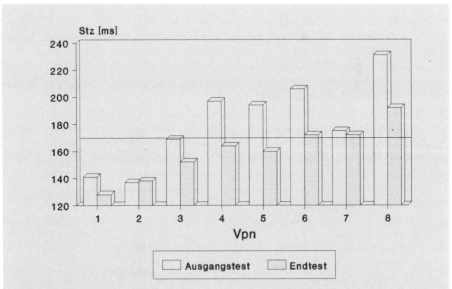

Abb. 29: Entwicklung der Stützzeiten (Stz) und Zeitprogramme (Zeitprogrammgrenze 170 ms) nach EMS-Training

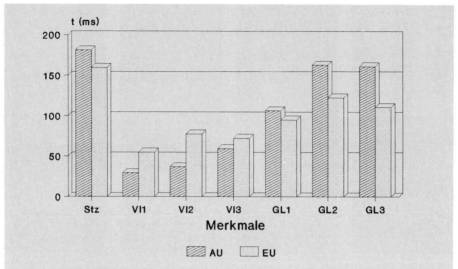

Abb. 30: Entwicklung der Stützzeit (Stz), der Vorinnervationszeit (VI) und der Gipfellage nach Stützbeginn (GL) für den M. rectus femoris (1), den M. gastrocnemius lateral (2) und den M. gastrocnemius medial (3)

Bodenkontakt, es erfolgt ein steilerer Anstieg der elektrischen Aktivität, das Aktivitätsmaximum (Gipfelaktivität) wird früher erreicht und es kommt zum Abbau von Phasen verringerter Aktivität (Abb. 30).

Die Verlängerung der Vorinnervationszeit sowie die Vorverlagerung des Aktivitätsgipfels sind statistisch gesichert. Weitere Einsatzvarianten der EMS zur Veränderung der Zeitprogramme werden derzeit geprüft.

Gute Erfahrungen bei der Ausbildung elementarer zyklischer Schnelligkeit wurden mit dem **ungebremsten Fahrradergometer** gesammelt (KÖHLER 1983; FISCHER 1989). Das Fahrradergometer sichert für viele Sportarten, die zyklische Schnelligkeitsanforderungen benötigen, gegenüber den Wettkampfbewegungen körpergewichtsentlastende Bedingungen:

— Es gestattet die Realisierung von Frequenzanforderungen in Wettkampfgeschwindigkeit und darüber hinaus.
— Es wird auf bekannte Bewegungsabläufe zurückgegriffen, die oft im frühen Kindesalter erlernt wurden.
— Es werden geringere koordinativ-technische Anforderungen gestellt. Die Bewegungen sind in Verlauf und Amplitude vorgegeben.
— Die gewählten Bewegungen haben für das Stütz- und Bewegungssystem schonenden Charakter.
— Durch die Verwendung von Widerständen können die Anforderungen an die sportartspezifischen Bedingungen simuliert werden.

Zeitraum	Intensität	Umfang	Pause
1.–4. Woche 2 TE/Woche	maximal (ohne Widerstand)	4 × 8 s	5 Min
5.–8. Woche 2 TE/Woche	maximal (geringer Widerstand)	6 × 6 s	5 Min

Tab. 11: Trainingsprogramm mit dem Fahrradergometer (in Anlehnung an KÖHLER 1983)

— Das Fahrradergometer ist relativ unabhängig von äußeren Trainingsbedingungen und daher sehr flexibel einsetzbar (Freiluft- und Hallentraining, transportabel).

Der Einsatz dieses unspezifischen Trainingsmittels im Eisschnellauf in den Altersklassen 11, 12 und 13 führte zu einer deutlichen Steigerung der Frequenz. Im Rahmen des gültigen Trainingsprogramms wurde zusätzlich folgendes Programm mit dem Fahrradergometer durchgeführt (Tab. 11).

Die Experimentalgruppe steigert ihre Tretfrequenz um 24,3 Prozent. Die Kontrollgruppe, die das Experimentalprogramm nicht durchführt, ansonsten jedoch nach dem gleichen Programm trainiert, kann ihre Tretfrequenz nur um 6,2 Prozent steigern. Ähnlich verhalten sich Schrittfrequenz und spezifische Leistung auf dem Eis (Abb. 31 und 32).

Obwohl beide Gruppen während des Experimentalzeitraums kein eisspezifisches Training durchführen, entwickelt sich in der Experimentalgruppe die Schrittfrequenz deutlich.

Das frequenzorientierte Training wirkt offensichtlich positiv auf die Entwicklung der Schrittfrequenz und der spezifischen Leistung und weist somit auf Übertragungseffekte hin.

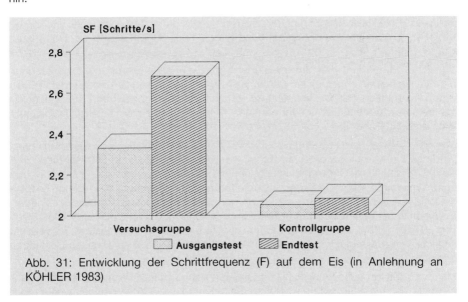

Abb. 31: Entwicklung der Schrittfrequenz (F) auf dem Eis (in Anlehnung an KÖHLER 1983)

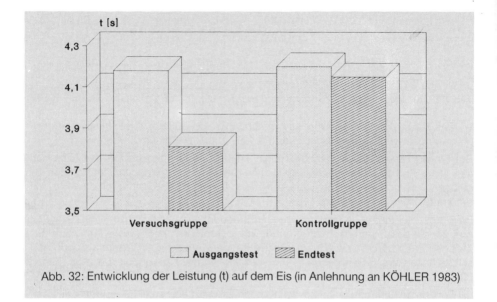

Abb. 32: Entwicklung der Leistung (t) auf dem Eis (in Anlehnung an KÖHLER 1983)

Intensität und Umfang im elementaren Schnelligkeitstraining

Die Wirkungsrichtung einer gewählten Übung wird durch die realisierte Intensität und den Trainingsumfang wesentlich mitbestimmt.

Angestrebte funktionelle Anpassungen des neuromuskulären Systems erfordern prinzipiell **maximale Intensitäten** (vgl. S. 15). Wie bereits dargestellt, unterliegt die Anpassung der neuromuskulären Steuerung und Regelung nicht dem Gesetz der Reizanpassung.

Deutlich sichtbar wird dies am realisierten Umfang in allen Erprobungsexperimenten. Der Belastungsumfang für den Trainingserfolg ist, gemessen am notwendigem Aufwand im konditionellen Training, extrem gering. In allen durchgeführten Erprobungsexperimenten wurden mit einer sehr geringen Wiederholungsanzahl positive Trainingseffekte erreicht (Tab. 12).

Bei den Nieder-Hoch-Sprung-Experimenten lag die Anzahl der Wiederholungen (Sprünge bei Körpergewichtsentlastung) zwischen 140 (EMS) und 540 Sprüngen in 6 bis 8 Wochen. Die Gesamtbelastungsdauer bei den Frequenzexperimenten betrug durchschnittlich 500 s. Zeitprogrammveränderungen in Richtung des kurzen Zeitprogramms konnten immer dann erreicht werden, wenn mehr als 50 Prozent der Wiederholungen in der neuen Qualität realisiert wurden. Dies korrespondiert mit Auffassungen von STARK (1986), der für das Lerntraining formuliert, daß mindestens 60 Prozent richtiger Wiederholungen notwendig sind, um Anpassungen in einer neuen Qualität zu erreichen.

Man kann davon ausgehen, daß bei einer Realisierung aller Versuche im „richtigen" perspektivischen Zeitprogramm die Summe notwendiger Wiederholungen weiter redu-

Alter	Leistungs-bereich	Dauer (Wochen)	Anzahl TE	Gesamt-belastung	Übung
7	GLT	7	14	268	NHS
11	GLT	8	16	220	NHS
13	ABT	6	12	400	NHS
14	ABT	6	12	420	NHS
15	ABT	6	12	440	NHS
Erw.	Stud.	6	14	142	NHS (EMS)
11	GLT	8	13	504 s	Ergo
12	GLT	8	13	504 s	Ergo
13	GLT	8	13	504 s	Ergo

Tab. 12: Exemplarische Darstellung ausgewählter Belastungskennziffern beim elementaren Schnelligkeitstraining (NHS = Nieder-Hoch-Sprung; Ergo = Ergometer; EMS = Elektromyostimulation; GLT = Grundlagentraining; ABT = Aufbautraining; TE = Trainingseinheit)

ziert werden kann. Trainingsumfang und Trainingszeit sowie die Ausbildung insgesamt könnten damit wesentlich effektiviert werden.

Die entscheidende Größe zur Steuerung der Anpassung im elementaren Schnelligkeitstraining liegt somit in der Sicherung einer „ausreichenden" Anzahl an Wiederholungen im Zielprogramm.

Der extrem geringe Umfang, der zu Veränderungen der Qualität neuromuskulärer Steuer- und Regelprozesse führte, und die gleichfalls festgestellte hohe Stabilität einer einmal ausgebildeten Qualität unterstreichen die Notwendigkeit einer stärkeren Beachtung dieser Prozesse bei der Ausbildung der Schnelligkeit besonders im Nachwuchstraining.

Im Zusammenhang mit Belastungsumfang und -intensität steht die Pausenlänge. In Anlehnung an Erfahrungswerte aus dem bisher üblichen Schnelligkeitstraining lag die Pausenlänge in allen durchgeführten Erprobungsexperimenten mit Nachwuchssportlern zwischen 5 und 10 Minuten pro Serie. Bei Erwachsenen wurde sie in Abhängigkeit vom Gesamtumfang auf bis zu 20 Minuten ausgedehnt (Tab. 13). Eine solche Pausenlänge gestattete z.B. bei einem Frequenztrainingsprogramm im Radsport, daß bei jeder Einzelbelastung die individuell maximale Tretfrequenz erreicht werden konnte (JUNKER 1985).

Proband	Einzelbelastungen						mittlere Tretfrequenz
	1.	2.	3.	4.	5.	6.	
M.	22	22	22	22	23	22	22,2
Sch.	21	21	21	21	21	21	21,0
B.	21	21	21	22	22	22	21,5
N.	22	22	22	22	22	22	22,0

Tab. 13: Individuelle Maximalfrequenz und Pausendauer innerhalb einer Trainingseinheit (in Anlehnung an JUNKER 1985) (Gesamtbelastungsdauer 36 s; Pause zwischen den Einzelbelastungen 10 min; nach der 3. Einzelbelastung 20 min Serienpause)

Die Einhaltung einer **optimalen Pausenlänge** ist in zweifacher Hinsicht bedeutsam. Schnelligkeitsbelastungen sind hochintensive Belastungen für das neuromuskuläre System. Der objektive Ermüdungsgrad des neuromuskulären Systems ist derzeit nur schwer bzw. gar nicht unter den normalen Trainingsbedingungen erfaßbar. Ausgehend von der hohen Stabilität des Zeitprogramms, birgt dies in der Trainingseinheit eine hohe Verletzungsgefahr in sich. Sie entsteht dadurch, daß einerseits das Impulsmuster (bedingt durch die hohe Stabilität) in der erforderlichen Qualität vorhanden ist, andererseits der Muskel jedoch in der Energiebereitstellung bereits erhebliche Mängel aufweist und damit der Impuls in der erforderlichen Qualität nicht mehr verarbeitet werden kann. Die ermittelten Laktatwerte beim Frequenztraining unterstreichen dies nachdrücklich (vgl. Tab. 14).

Häufigkeit und Länge der **Pausen** beim Schnelligkeitstraining in der Trainingseinheit werden nach wie vor vom **Ermüdungsgrad der energiebereitstellenden Systeme** bestimmt.

Bei wiederholten hochintensiven Schnelligkeitsbelastungen wird die Ermüdung des neuromuskulären Systems nicht unmittelbar sichtbar. Es kommt zur Aufstockung der Ermüdung. Die Folge ist eine tiefe und langanhaltende neuromuskuläre Ermüdung. So führte im leichtathletischen Wurf bei Sportlern höchster Qualifikation ein hochintensives Schnelligkeitstraining mit reaktivem Charakter (ohne Entlastung) für Arme und Beine bei einem Belastungsumfang von 260 Wiederholungen innerhalb von 2 Wochen zu einer tiefen und langanhaltenden neuromuskulären Ermüdung. Erst 9 Wochen nach Beendigung des akzentuierten Trainingskomplexes wurde das Ausgangsniveau des Schnelligkeits-/Schnellkraftzustands wieder erreicht. In der Folge kam es jedoch zu einer äußerst progressiven Entwicklung des Schnelligkeits-/Schnellkraftniveaus (ZIMMER 1974) (Abb. 33).

Ermüdungserscheinungen, die sich im Abfall des Leistungsniveaus widerspiegeln, deuten sich in den vorausgehenden Trainingseinheiten oftmals kaum an. Häufig tritt die Ermüdung unmittelbar von einer zur nächsten Trainingseinheit auf (vgl. Abb. 32). Ein ähnlicher Effekt liegt offensichtlich auch nicht erwarteten „Zusammenbrüchen" des Leistungsvermögens bei Wettkämpfen zugrunde. Der im Training nicht erkannte nervale Ermüdungsgrad stockt sich durch die nervlichen Anforderungen des Wettkampfs auf. Übersteigt dies einen bestimmten Grenzwert, werden Hemmungen ausgelöst, die zu Störungen im neuromuskulären Programm führen (Abb. 34).

Einzelbelastung	Tretfrequenz	Laktat	
		1. Minute	9. Minute
1	21	6,7	7,4
2	21	10,0	9,5
3	21	10,3	10,0
4	22	12,3	10,1
5	22	11,3	8,7
6	22	10,3	10,1

Tab. 14: Verhalten von maximaler Tretfrequenz (U/6 s) auf dem Fahrradergometer und das Laktatverhalten in der 1. und 9. Minute nach Belastung (in Anlehnung an JUNKER 1985)

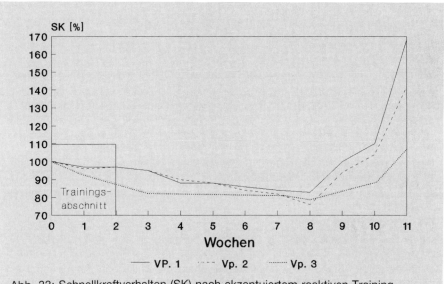

Abb. 33: Schnellkraftverhalten (SK) nach akzentuiertem reaktiven Training

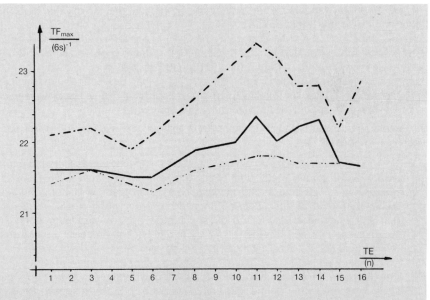

Abb. 34: Entwicklung der Tretfrequenz (TF) von drei Athleten auf dem ungebremsten Ergometer bei akzentuiertem Training (in Anlehnung an JUNKER 1986)

- Training unter Körpergewichtsentlastung akzentuiert im Jahr einsetzen, z. B.
  - 1mal im Herbst oder nach dem Winterurlaub (6 Wochen)
  - 1mal im Mai (2 bis 3 Wochen)
- 150 bis 300 Sprünge in 6 Wochen
- Entlastung 150 bis 200 N (in der tiefsten Beugestellung beim Nieder-Hoch-Sprung)
- Fallhöhe 35 bis 40 cm
- körpergewichtsentlastendes Sprungtraining (azyklisches Schnelligkeitstraining) als eigenständigen Bestandteil der Trainingseinheit planen, um die maximal mögliche Konzentration der Sportler auf diesen Schwerpunkt zu sichern
- 2 Trainingseinheiten pro Woche und 2 bis 3 Serien pro Trainingseinheit
- nach 3 bis 4 Wochen Training eine Erholungspause sichern
- 12 bis 24 Sprünge pro Trainingseinheit
- Zielprogramm (Stützzeit kürzer als 170 ms) soll in mindestens der Hälfte der Versuche realisiert werden
- Serienpause 5 bis 10 min

Tab. 15: Beispiel zur Ausbildung der azyklischen Schnelligkeit

Der gleichzeitige Aufbau eines neuen azyklischen und zyklischen Programms ist nur schwer bzw. gar nicht möglich. Dies führt zur **Überlagerung von Trainingseffekten** (BEHREND 1988). Werden in der Sportart beide Schnelligkeitsanforderungen benötigt, müssen azyklisches und zyklisches Zeitprogramm nacheinander ausgebildet werden.

FISCHER (1989) weist anhand von Untersuchungen nach, daß die **azyklische Schnelligkeit** eine gewisse **Basisfunktion** besitzt. Für die Ausbildung elementarer Zeitprogramme bedeutet dies, in Sportarten mit zyklischen Schnelligkeitsanforderungen sowohl azyklisches als auch zyklisches Schnelligkeitstraining durchzuführen. Die Ausbildung des azyklischen Zeitprogramms muß dabei jedoch prinzipiell vor der Ausbildung des zyklischen Zeitprogramms erfolgen. Der Aufbau des Schnelligkeitsniveaus in Sprintdisziplinen erfolgt somit akzentuiert vom azyklischen Schnelligkeitstraining über das zyklische zum sprintspezifischen Schnelligkeitstraining.

Der akzentuierte Einsatz eines Trainingsmittels sollte 5 bis 6 Wochen nicht übersteigen (vgl. Tab. 15 und 16).

> Die Ausbildung der Schnelligkeit als elementare Leistungsvoraussetzung erfordert adäquate, ihr eigene Mittel und Methoden. Die eingesetzten Trainingsübungen müssen die Ausführung des prognostischen Zeitprogramms sichern und sind in maximaler Intensität auszuführen. Eingesetzt werden können allgemeine Übungen, Spezialübungen und auch die Wettkampfübung. Zur Ausbildung genügen im Vergleich zum bisher üblichen Training energetischer Prozesse relativ geringe Belastungsumfänge. Die Trainingswirksamkeit wird bestimmt durch die Anzahl der Wiederholungen im Zielprogramm. Elementare Zeitprogramme sind relativ schwer ermüdbar. Die Ermüdung stockt sich mit einer gewissen Verzögerung auf. Nach 3 Wochen akzentuierten Schnelligkeitstrainings ist eine Erholungsphase zu sichern. Azyklisches und zyklisches Zeitprogramm sind akzentuiert auszubilden. Das azyklische Zeitprogramm besitzt Basischarakter und muß vor der Ausbildung des zyklischen erfolgen.

Trainings-schwerpunkt	Dauer	Übungen	Belastungs-umfang/TE	Intensität
azyklischer Akzent	4–5 Wo 2–3 Teil TE/Wo	Seilsprünge Sprünge mit Entlastung	2x 20 Whg./Serie 2x 15 Whg./Serie 4x 6 Whg./Serie	max. max. max.
zyklischer Akzent	4–5 Wo 2–3 Teil TE/Wo	Ergometer Skipping (am Ort, über Schrittlängennor-mierung, ca. 70 cm, 12 Schritte u.a.m.)	3x 6 s / 2–3 x 3x 20/20	max. max.
komplexer Akzent	2–3 Wo 2 Teil TE/Wo	azyklische und zyklische Übungen	4x 6 Whg./Serie 3x 20/20	max.

Tab. 16: Beispiel zur Ausbildung azyklischer und zyklischer Schnelligkeit (in Anlehnung an FISCHER 1989)

Motivation im Schnelligkeitstraining

Eine hohe Motivation im Schnelligkeitstraining ist ein unumstrittener Faktor. Die Erfahrungen der Trainingsexperimente und weitere Untersuchungsergebnisse zeigen, daß die bewußte Mitarbeit der Sportler, die Identifikation mit der Trainingsaufgabe eine wesentliche Bedingung für den Trainingserfolg ist. Insbesondere psychische Eigenschaften, wie Mobilisationsfähigkeit und Konzentrationsfähigkeit, haben große Bedeutung.

Maximal **schnelle Bewegungen** sind **programmgesteuert**, d.h., während der Bewegungsausführung sind keine Korrekturen möglich. Bedeutsam für die Ausbildung ist, inwieweit solche Programmsteuerungen beeinflußbar sind.

Die Aussagen in der Literatur zur Realisierung neuromuskulärer Prozesse sind relativ einheitlich, obwohl insbesondere zum funktionellen Zusammenwirken aller Elemente des neuromuskulären Systems noch erhebliche Erkenntnisdefizite bestehen.

Der größte Teil der Nervenprozesse, die die Motorik betreffen, läuft unbewußt ab.

Die Maßeinheit für Information ist das Bit — genau eine Ja-Nein-Entscheidung. Jede Information setzt sich aus einer Vielzahl solcher Ja-Nein-Entscheidungen zusammen.

Durch die Rezeptoren (Sinne) werden ca. 10^8 bit pro Sekunde (100.000.000 bit/s — 100 Millionen bit pro Sekunde) aufgenommen und fließen über afferente Nervenfasern zum Zentralnervensystem (Gehirn und Rückenmark). 50 bis 1000 bit werden pro Sekunde nach außen abgegeben, werden also mindestens verarbeitet. Aber nur 10 bis 20 bit pro Sekunde davon dringen bis ins Bewußtsein vor (KÜCHLER 1983).

Die Mehrzahl aller Informationen wird also ohne Kontrolle des Bewußtseins verarbeitet. Diese unbewußt ablaufenden Nervenprozesse spielen sich zum großen Teil im neuromuskulären Bereich ab.

Insbesondere motorische Programme, die eine Laufzeit unter 200 ms haben, sind bewußt nicht kontrollierbar und können demzufolge auch nicht in ihrem Ablauf gesteuert werden. Es wird davon ausgegangen, daß auf äußere Reize (exterozeptive Reize) erst nach ca. 200 ms reagiert werden kann (Reaktionszeit). Reaktionen auf Reize aus dem eigenen Organismus (propriozeptive Reize) erfolgen zum Teil schneller (bereits nach ca. 120 ms), sind aber direkter Bestandteil elementarer neuromuskulärer Programme. Zu solchen Reaktionen auf „innere Reize" gehören z.b. die Muskelkontraktionen als Antwort auf Muskeldehnungsreflexe. Sie spielen für Zeitprogramme bei reaktiven Bewegungen eine wesentliche Rolle.

Unter diesem Gesichtspunkt beschränkt sich die bewußte Einflußnahme des Sportlers auf neuromuskuläre Programme oder andere neuromuskuläre Prozesse auf die Voreinstellung der Funktionssysteme. Daß dabei eine richtige **Übungsanweisung** den Erfolg wesentlich beeinflußt, zeigt das nachfolgende Experiment.

Die Sportler hatten die Aufgabe, die Übung „Nieder-Hoch-Sprung" nach den folgenden vier unterschiedlichen Übungsanweisungen auszuführen.

— Variante A: die Bewegung selbständig nach eigenem Ermessen auszuführen
— Variante B: bei der Bewegung so schnell wie möglich vom Boden abzuspringen
— Variante C: bei der Bewegung so hoch wie möglich zu springen
— Variante D: beide Aufgaben (so schnell wie möglich und so hoch wie möglich) gleichzeitig zu lösen (MÜLLER/BAUERSFELD 1990).

Bei der Übungsanweisung, die Bewegung nach eigenem Ermessen auszuführen (Variante A), differenziert sich die Probandengruppe (n = 82) in Gruppe 1, die das kurze Zeitprogramm realisierte, in Gruppe 2, die das lange Zeitprogramm realisierte, und in Gruppe 3, die im Grenzbereich zwischen langen und kurzen Zeitprogramm lag, also Stützzeiten zwischen 165 und 175 ms erreichte.

Bei der Übungsanweisung der Variante B, so schnell wie möglich abzuspringen, realisiert Gruppe 1 weiterhin ihr kurzes und Gruppe 2 ihr langes Zeitprogramm. Gruppe 3 ist bei dieser Übungsanweisung in der Lage, das kurze Zeitprogramm zu erreichen.

Die Übungsanweisung der Variante C, so hoch wie möglich abzuspringen, führt bei allen drei Gruppen zur Realisierung des langen Zeitprogramms.

Variante D spiegelt die Situation bei Variante A wider (vgl. Abb. 35).

Eine gleiche Untersuchung mit Sportlern höherer Qualifikation führte zu dem gleichen Ergebnis, mit Ausnahme der Tatsache, daß sich eine Gruppe 3 nicht mehr so deutlich herauskristallisierte.

Auch bei maximaler Motivation war Gruppe 2 (langes Zeitprogramm) nicht in der Lage, bei Orientierung auf einen schnellstmöglichen Absprung das kurze Zeitprogramm zu erreichen. Während bei Variante C (so hoch wie möglich abzuspringen) wiederum alle Probanden das lange Zeitprogramm nutzten.

Bei der Ausbildung der Schnelligkeit ist deshalb prinzipiell eine **maximal schnelle Bewegungsausführung** zu fordern. Eine Orientierung bei der Übungsausführung auf maximale Weite, maximale Höhe oder andere räumliche Parameter birgt die Gefahr in sich, daß selbst Sportler, die über ein stabiles kurzes Zeitprogramm verfügen, diesen Programmbereich verlassen.

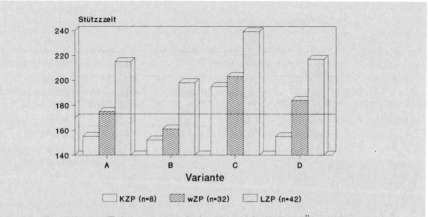

Abb. 35: Realisiertes Zeitprogramm bei unterschiedlichen Übungsanweisungen bei Sportlern niedriger Qualifikation

In mehreren Erprobungsexperimenten (Eisschnellauf, Gewichtheben, Leichtathletik) wurde versucht, über eine gezieltere Beeinflussung der **Bewegungsvorstellung** zum Nieder-Hoch-Sprung einen Zeitprogrammwechsel zu erreichen. Obwohl Technikerläuterungen, Leitbilddarstellungen im Film in Zeitlupe, regelmäßige Korrekturen der Bewegungsausführung, individuelle Filmauswertungen, Trainerdemonstrationen u.a.m. zum Einsatz kamen, konnten weder nennenswerte Veränderungen der räumlichen Bewegungsmerkmale noch Entwicklungen zum kurzen Zeitprogramm erreicht werden (VOSS 1985) (Abb. 36).

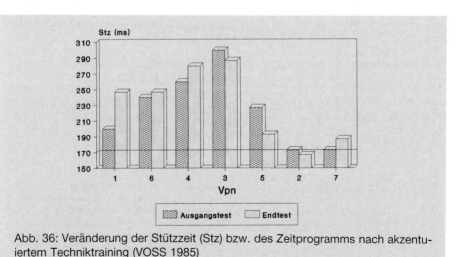

Abb. 36: Veränderung der Stützzeit (Stz) bzw. des Zeitprogramms nach akzentuiertem Techniktraining (VOSS 1985)

	azyklisches Zeitprogramm (Nieder-Hoch-Sprung)	zyklisches Zeitprogramm (Skippingfrequenz)
Bewegungsanweisung – Bewegungsvorstellung auf zeitliche Parameter orientiert – Bewegungserklärung über Metapher – auf räumliche Parameter orientiert	■ maximal schneller Absprung, nicht maximal hoch ■ bewußte Vorspannung in der Wadenmuskulatur (M. gastrocnemius) ■ „Spring ab, wie ein hart aufgepumpter Fußball" ■ geringe Kniebeugung in der Stützphase ■ kein Durchschlagen der Fersen auf den Boden ■ Arme als Schwungelemente ausschalten (Nackenhalte oder hinter Rücken) ■ später Arme dicht am Körper als Schwungelemente – kurze Ausholbewegung schon während der Fallphase hinter dem Körper	■ maximale Frequenz, keine maximal schnelle Fortbewegung ■ kleine Amplituden und bewußte aktive Bewegungsumkehr nach unten ■ „Beweg die Beine so schnell wie eine Nähmaschine" ■ geradlinige Beinbewegungen über deutlichen Kniehub ■ hoher Ballenlauf ■ Arme mit kleiner Amplitude dicht am Körper ■ optimale Bewegungsamplitude mit hoher Frequenz und ausreichender Fortbewegung
Bewegungskontrolle Sofort- und Schnellinformation	■ Stützzeitmessung ■ Flugzeitmessung ■ Berechnung EKA ■ Kniewinkelmessung über Goniometer ■ Technikeinschätzung über Video (möglichst High Speed)	■ Frequenzmessung ■ Zeitmessung für Strecke ■ Technikeinschätzung über Video von vorn und der Seite
Trainerinformation	■ über einzelne räumliche Parameter (z. B. Bodenkontakt der Fersen) ■ über Gesamteindruck ■ Information erst 4–8 Sekunden nach Bewegungsende ■ Übungswiederholung nach 5–10 Sekunden	■ über einzelne räumliche Parameter ■ über Gesamteindruck ■ Information schon während der Bewegung möglich
Selbstkontrolle	■ Sportler schätzt Bewegung selbst ein und vergleicht mit objektiver Information (z. B. Schätzung der Stützzeit, Beschreibung der Bewegungsvorstellung)	■ Sportler schätzt Bewegung selbst ein und vergleicht mit objektiver Information (z. B. Schätzung der Schrittfrequenz, Beschreibung der Bewegungsvorstellung)

Unterstützung der Bewegungsorientierung	■ Orientierung über zeitliche Dauer der Stützphase (Hupton) ■ Vorgabe der zu erreichenden Sprunghöhe (Höhenbegrenzer)	■ akustische Vorgabe der Zielfrequenz ■ Vorgabe der Bewegungsamplituden durch kleine Hindernisse
Kontrastmethode und Differenzierungstraining	■ Sprünge mit unterschiedlichen Entlastungen, mit EMS, mit Zusatzlast und unter Normalbedingungen in einer Trainingseinheit bzw. im Serienwechsel ■ differenzierte Zielvorgaben (Stützzeit, Sprunghöhe, räumliche Parameter)	■ unterschiedliche äußere Bedingungen (Hindernishöhe bzw. -abstand, auf Rasen, Beton, Tartan, Sportmatten, mit und ohne Schuhe mit und ohne Gewichtsmanschetten an den Fußgelenken)

Tab. 17: Möglichkeiten zur Bewegungsorientierung bei der Ausbildung der azyklischen und zyklischen Schnelligkeit

Zu gleichen Ergebnissen kommen auch KÖHLER (1985) sowie KRÜGER/HIRSCH (1987) beim schnelligkeitsorientierten Techniktraining mit der Wettkampfübung im Eisschnellauf.

Man kann deshalb davon ausgehen, daß das Bewußtsein auf das Realisieren eines elementaren neuromuskulären Programms nicht den dominierenden Einfluß ausübt. Elementare **Zeitprogamme** sind **nicht bewußtseinspflichtig**. Sie sind nur bedingt bewußtseinsfähig. Wieweit diese Bewußtseinsfähigkeit geht, muß durch weitere Untersuchungen abgeklärt werden.

Erst nach Ablauf der Bewegung ist eine Resultatkontrolle möglich (Resultat-Feedback). Die Bewegung ist abgeschlossen, und der Verlauf kann nicht mehr verändert werden. Nach dem Bewegungsabschluß werden noch bestimmte Empfindungen über den Bewegungsablauf bewußt. Erfolgt die nächste Bewegung, bevor die Empfindungen abgeklungen (vergessen) sind, kann dadurch die Voreinstellung beteiligter Systeme beeinflußt werden. Das Resultat des nächsten Versuchs wird als Kriterium für die Wirksamkeit der veränderten Voreinstellung herangezogen werden. Der Vorgang läuft nach dem Versuch-Irrtum-Prinzip ab. Es ist jedoch kein Sportler in der Lage, die Vorinnervation bewußt 10 oder 20 ms eher zu beginnen oder die elektrische Muskelaktivität schneller ansteigen zu lassen. Diese Prozesse sind dem Bewußtsein nicht zugänglich. Durch die bewußte „Voreinstellung" beteiligter Systeme kann die Entwicklung effektiver elementarer Zeitprogamme jedoch gefördert werden.

Tab. 17 gibt Anregungen zu Bewegungsorientierungen bei der Ausführung maximal schneller Bewegungen.

> Die bewußte Mitarbeit der Sportler, die Identifikation mit der Trainingsaufgabe sind wesentliche Bedingungen für den Trainingserfolg. Elementare Zeitprogramme sind nicht bewußtseinspflichtig und nur bedingt bewußtseinsfähig. Die bedingte Bewußtseinsfähigkeit beschränkt sich auf die Voreinstellung beteiligter Funktionssysteme. Sie ist im Schnelligkeitstraining zu nutzen.

Komplexes Schnelligkeitstraining

Entscheidend für eine sportliche Leistung mit hohen Schnelligkeitsanforderungen ist
— ein für diese Leistung geeignetes Zeitprogramm,
— das Einbringen dieses Programms in die Wettkampfbewegung sowie
— das Zusammenwirken des Zeitprogramms mit den anderen an der Bewegung beteiligten Leistungsvoraussetzungen.

Besonders die beiden letzten Aspekte sind Schwerpunkte des komplexen Schnelligkeitstrainings. Genutzt werden dementsprechend Spezialübungen und die Wettkampfübung.

Erste Bedingung für das Wirksamwerden eines elementaren Zeitprogramms in speziellen Leistungen ist das Einbringen dieses Programms in Spezialübungen und in die Wettkampfübung. Der **Übertragungscharakter** elementarer Zeitprogramme ist dafür zielgerichtet auszunutzen.

Ein akzentuiertes Schnelligkeitstraining (vgl. Tab. 18 und 19) im leichtathletischen Sprung über einen Zeitabschnitt von 6 Wochen führte zur Veränderung des Zeitprogramms. Die neue Qualität spiegelt sich im Elektromyogramm (vgl. Abb. 12, S. 29) und in den biomechanischen Kenngrößen Leistungs- und Momentverlauf wider. Nach absolviertem Experimentaltraining werden die Leistungsmaxima in den Gelenken unmittelbar bei Stützbeginn abgegeben. Besonders für das Fußgelenk (vgl. Abb. 37) ist eine kontinuierliche Leistungsabgabe charakteristisch.

Die gezielte Beeinflussung des Zeitprogramms war primär auf den Nieder-Hoch-Sprung ausgerichtet. Das Trainingsprogramm enthielt nur einige Übungen, die **Übertragungseffekte** unterstützen sollten. Obwohl die ebenfalls eingesetzten Spezialübungen Hopserlauf und Sprunglauf im äußeren Erscheinungsbild (insbesondere in räumlichen Parametern) deutliche Unterschiede gegenüber dem Nieder-Hoch-Sprung zeigen, sind in gleicher Richtung Veränderungen im Innervationsverhalten nachzuweisen (vgl. Abb. 12, S. 29). Alle Probanden, die ein kurzes Zeitprogramm im Nieder-Hoch-Sprung nach dem Training erreichen, realisieren die neue Qualität der Ansteuerung sowohl beim Nieder-Hoch-Sprung als auch bei den Spezialübungen Hopserlauf und Sprunglauf.

vertikal	horizontal
■ Nieder-Hoch-Sprung mit Entlastung (Fallhöhe 35 cm) – vorlinks – einbeinig rechts – einbeinig links ■ Tscherbakis mit Entlastung (AK 15) ■ Seilspringen unter Zeitdruck (6 s max. Anzahl)	■ AK 13 – Hopserlauf bis 6 Absprünge – Sprunglauf bis 6 Absprünge ■ AK 14/15 – Hopserlauf bis 6 Absprünge – Sprunglauf bis 6 Absprünge – Wechselsprünge (links, links, rechts, rechts usw.)

Tab. 18: Eingesetzte Trainingsübungen im Experimentaltraining (BEHREND 1988)

	1. Wo	2. Wo	3. Wo	4. Wo	5. Wo	6. Wo	Summe
AK 13 vertikal	50	65	65	80	70	70	400
horizontal	20	20	25	25	30	40	160
AK 14 vertikal	65	65	75	85	70	70	430
horizontal	20	25	30	40	50	50	215
AK 15 vertikal	65	65	85	85	70	70	440
horizontal	30	40	45	50	50	55	270

Tab. 19: Wochenumfangsverteilung (BEHREND 1988)

Das Einbringen elementarer Zeitprogramme im Aufbautraining in die Wettkampfbewegungen Weitsprung und Hochsprung ist unterschiedlich und differenziert sich in folgende Gruppen (vgl. Tab. 20):

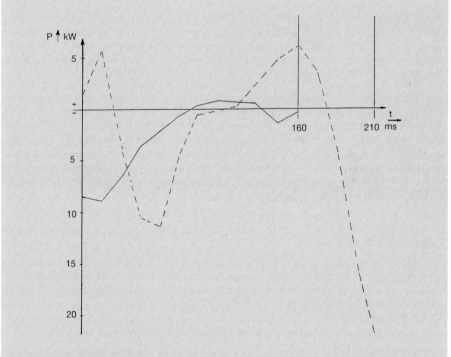

Abb. 37: Leistungsverläufe (P) im Fußgelenk vor und nach dem Experimentaltraining (BEHREND 1988)
--- = LZP
—— = KZP

Disziplin	n	Gr. 1	Gr. 2	Gr. 3	Gr. 4
Weitsprung	59	13,6	0	45,7	40,7
Hochsprung	33	21,2	6,0	24,3	48,5

Tab. 20: Prozentuale Verteilung der Zeitprogramme beim Nieder-Hoch-Sprung und im Weit- und Hochsprung im Nachwuchstraining

— Gruppe 1: kurzes Zeitprogramm sowohl im Nieder-Hoch-Sprung als auch in der Wettkampfübung;
— Gruppe 2: langes Zeitprogramm im Nieder-Hoch-Sprung und ein kurzes Zeitprogramm in der Wettkampfübung;
— Gruppe 3: kurzes Zeitprogramm im Nieder-Hoch-Sprung und langes Zeitprogramm in der Wettkampfübung;
— Gruppe 4: langes Zeitprogramm sowohl im Nieder-Hoch-Sprung als auch in der Wettkampfübung (LOHMANN/VOSS 1987);
(Zeitprogrammgrenzen: Weitsprung bei ca. 120 ms, Hochsprung bei ca. 160 ms).

Diesen Ergebnissen zufolge gelingt es nur wenigen Sportlern (insbesondere im Weitsprung), die über ein kurzes Zeitprogramm verfügen, dies auch in der Wettkampfübung zu erreichen (Gruppe 1). Relativ groß ist der Anteil der Sportler der Gruppe 3, die bereits ein kurzes Zeitprogramm beim Nieder-Hoch-Sprung erreichen, es jedoch in der Wettkampfübung nicht nutzen können.

Eine mangelnde Übertragung des Zeitprogramms korrespondiert offensichtlich mit sporttechnischen Problemen. Sportliche Techniken werden durch räumliche, zeitliche und dynamische Merkmale bzw. Kennlinien beschrieben. Das elementare, meistens zur Hauptphase gehörende Zeitprogramm ist auch ein wesentliches Kennzeichen der sportlichen Technik. Kurze Zeitprogramme sind von bestimmten **räumlichen Bewegungsmerkmalen** begleitet. Beim Nieder-Hoch-Sprung sind dies beispielsweise kurze Brems- und Beschleunigungswege des Körperschwerpunkts, kein „Durchschlagen" der Fersen auf den Boden (VOSS 1985; GUNDLACH 1987).

Beim Weitsprung stellen sich die Beziehungen zwischen Zeitprogramm (Absprungzeit) und ausgewählten räumlichen Merkmalen der Absprungphase bei Sportlern mittlerer Qualifikation wie folgt dar:

Kurze Absprungzeiten wurden bei einer möglichst gut ausgeführten Greifbewegung registriert (hohe Greifgeschwindigkeit — schnelles nach hinten Schlagen des Sprungbeines — 4 bis 6 m/s), verbunden mit einem geringen Stemmen beim Absprung (Winkel zwischen Boden vor dem Sportler und Achse Fußgelenk-Hüfte kleiner 120 Grad), einem kleinen Fußaufsatzwinkel (kaum über die Ferse — möglichst auf dem ganzen Fuß) sowie einem geringen Nachgeben im Kniegelenk im ersten Teil des Absprungs.

Von insgesamt 168 untersuchten Sprüngen bei nationalen Jugendwettkämpfen wurden nur 13 Sprünge im Weitsprung mit Absprungzeiten von 120 ms und kürzer registriert. 71 Weitsprünge von Sportlern, die das kurze Zeitprogramm beim Nieder-Hoch-Sprung erreichten, lagen im langen Zeitprogramm. Eine Gegenüberstellung dieser Sprünge hinsichtlich räumlich-zeitlicher Bewegungsmerkmale verdeutlicht folgende Situation (vgl. Tab. 21).

Bildreihe 4 (von rechts nach links): Nieder-Hoch-Sprung aus 40 cm Fallhöhe

Die Sportler der Gruppe 1, die in beiden Bewegungen das kurze Zeitprogramm realisieren, laufen im Durchschnitt schneller an, führen eine schnellere Greifbewegung aus, stemmen weniger beim Absprung, geben weniger im Kniegelenk nach, setzen den Fuß aktiver, kaum über die Ferse auf.

Untersuchungen von Sprüngen aus mittleren und langen Anlauflängen zeigen, daß nicht nur die Anlaufgeschwindigkeit und die Sprungweite bei Sprüngen aus mittleren Anläufen niedriger sind, sondern auch Unterschiede in den Absprungmerkmalen Greifgeschwindigkeit und Stemmwinkel deutlich werden (Tab. 22).

Die Greifgeschwindigkeit ist bei den Sprüngen aus mittlerem Anlauf niedriger und entspricht den perspektivischen Anforderungen noch weniger als bei Sprüngen aus

Merkmal	männlich		weiblich	
	Gruppe 1 n = 9	Gruppe 3 n = 30	Gruppe 1 n = 4	Gruppe 3 n = 41
effektive Sprungweite (m)	6,28	6,34	5,36	5,29
Anlaufgeschwindigkeit (m/s)	8,78	8,67	8,01	7,74
Greifgeschwindigkeit (m/s)	4,90	4,30	4,46	3,65
Stemmwinkel (Grad)	114,2	118,9	112,8	118,6
Kniebeugung (Grad)	17,6	21,1	18,2	20,0
Fußaufsatzwinkel (Grad)	1,6	7,1	0,0	9,2

Tab. 21: Mittelwerte ausgewählter technischer Merkmale und Leistungsvoraussetzungen von Weitsprüngen in den Zeitprogrammgruppen 1 und 3

Absprungmerkmale	lange Anläufe	mittlere Anläufe
Anlaufgeschwindigkeit (m/s)	7,90	7,36
Weite (m)	5,395	5,190
Greifgeschwindigkeit (m/s)	3,465	3,285
Stemmwinkel (Grad)	119,0	117,6

Tab. 22: Darstellung der Mittelwerte ausgewählter Absprungmerkmale bei Sprüngen aus mittleren (11 Schritte) und langen Anläufen in der untersuchten Trainingsgruppe

langem Anlauf. Zur Entwicklung und Ausprägung der Greifbewegung eignen sich deshalb nur Sprünge aus hohen Anlaufgeschwindigkeiten.

Bei Sprüngen aus mittlerem Anlauf wird weniger gestemmt als bei Sprüngen aus langem Anlauf. Dies ist insofern logisch, als das Stemmen ein vertikales Umlenken der horizontalen Geschwindigkeit bewirkt und bei niedrigeren Anlaufgeschwindigkeiten also auch weniger Geschwindigkeit vertikal umgelenkt werden muß und kann (Abb. 38 a und b).

In welchem Maße die untersuchten technischen Parameter durch Training beeinflußt werden, verdeutlichen die Ergebnisse einer speziellen Trainingsanalyse von Nachwuchsspringern. Im speziellen Weitsprungtraining der untersuchten Sportlergruppe wurden vom Gesamtumfang der Sprünge nur 17,9 Prozent aus dem langen Anlauf durchgeführt. Das vorrangige Training aus relativ niedrigen Anlaufgeschwindigkeiten bewirkte insgesamt keine positive Entwicklung der untersuchten Absprungmerkmale. Es ist eine negative Tendenz erkennbar, die sich in der Verschlechterung der Greifgeschwindigkeit um durchschnittlich 0,95 m/s, des Fußaufsatzwinkels um durchschnittlich 3,8 Grad und des Stemmwinkels um durchschnittlich 1,0 Grad zeigt (VOSS 1988).

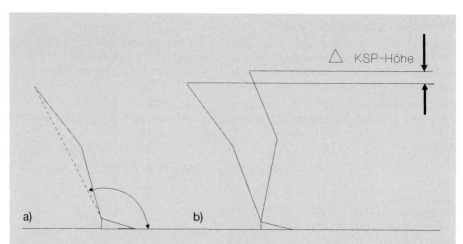

Abb. 38 a und b: Exemplarische Darstellung zum Stemmwinkel (a) und zur Umlenkung der Bewegungsrichtung des Körperschwerpunktes in vertikale Richtung (b)

Sprünge aus mittlerem Anlauf beim Weitsprung sichern weder die notwendige maximale Intensität (Geschwindigkeit), die für die Übertragung kurzer Zeitprogramme in die Wettkampfbewegung erforderlich ist, noch die entsprechenden technischen Kennwerte.

Die unzureichende Wirkung dieses Trainingsmittels spiegelt sich auch im **Nutzungsgrad** wider. Er drückt aus, wieviel Prozent einer „isoliert" gemessenen Teilleistung oder Leistungsvoraussetzung in die Wettkampfübung eingebracht werden kann. Ein Ausdruck für den Nutzungsgrad der beim Absprung bedeutsamen Leistungsvoraussetzungen (Kraft und Schnelligkeit) ist die im Verhältnis zur maximalen Geschwindigkeit beim Sprint realisierte Anlaufgeschwindigkeit. Die meisten Sportler können nicht aus maximaler Geschwindigkeit abspringen, weil die erworbene Zeitstruktur des Absprungs bzw. die speziellen Kraftvoraussetzungen dies nicht zulassen.

Bei nationalen Jugendmeisterschaften (1986 bis 1988) wurde für 271 Sportler dieser Nutzungsgrad ermittelt. Gute und schlechte Nutzungsgrade differenzieren sich bei 95 Prozent (Sportler höchster Qualifikation erreichen Nutzungsgrade von über 95 Prozent). Es zeigt sich, daß

— 65 Prozent der untersuchten Sportler mit kurzem Zeitprogramm (männlich sogar 80 Prozent) Nutzungsgrade unter 95 Prozent realisieren und
— 68 Prozent der untersuchten Sportler mit langem Zeitprogramm Nutzungsgrade über 95 Prozent erreichen (BARTSCH/SCHILLER 1989).

Die Mehrzahl der Sportler mit kurzem Zeitprogramm kann somit keine hohen Nutzungsgrade erreichen.

Trainingsanalysen der untersuchten Sportlergruppe verdeutlichen, daß zwischen 80 bis 91 Prozent aller Weitsprünge aus kurzen Anläufen absolviert werden. Für Sportler, die bereits über ein kurzes Zeitprogramm verfügen, sind dies keine optimalen Trainingsbedingungen. Sie können bei kurzem Anlauf ihr kurzes Zeitprogramm nicht umsetzen. Sie steigen auf längere Absprungzeiten um und entwickeln damit den Anlauf-Absprung-Komplex nicht entsprechend ihrer eigentlichen Voraussetzungen. Das bei ihnen bereits gut ausgebildete elementare Zeitprogramm wird somit durch ein „falsches" Trainingsmittel wirkungslos.

Die Übertragung elementarer Zeitprogramme in die sportliche Technik erfordert maximale Intensitäten. Beim Techniktraining des Nachwuchssportlers ist dies oft nur bei Sicherung spezifischer Rahmenbedingungen möglich.

So nutzte z.B. OTTO (1986) im Gerätturnen zur Entwicklung der Basisfertigkeit „Aufpendeln aus dem Kipphang" am Barren ein „Barrenhilfsgerät" (Abb. 39). Ein Festschnallen der Hände am Barren kompensierte das begrenzte Haltevermögen der Nachwuchssportler im Ellgriff. Es wurde somit eine Möglichkeit geschaffen, trotz zu geringer Kraftvoraussetzungen der Sportler die Aufschwungbewegung im Bereich der Zielvorgabe für den Hochleistungsbereich auszuführen.

In einem Trainingsexperiment mit Turnern der Altersklasse 13 gelang es,
— am Barrenhilfsgerät den Parameter Aufschwunggeschwindigkeit auf 42 Prozent über dem Leitbild zu steigern,

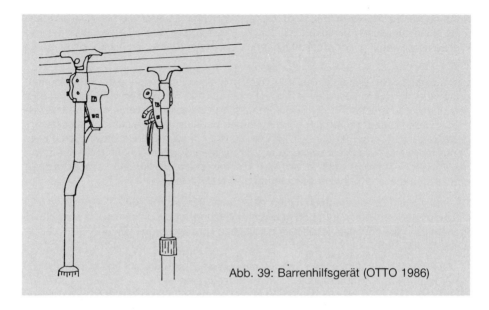

Abb. 39: Barrenhilfsgerät (OTTO 1986)

— am Originalbarren Steigerungsraten der Aufschwunggeschwindigkeit von 18 und 21 Prozent und in einem Beispiel sogar den Wert des Leitbildes zu übertreffen (OTTO 1986).

Der Einsatz voraussetzungsadäquater superleichter Geräte im Kugelstoßen in den Altersklassen 13 und 14 zeigt, daß

— das Stoßen mit superleichten Kugeln Weiten und damit Abfluggeschwindigkeiten im Bereich von Weltspitzenleistungen ermöglicht;
— die Dynamik der Bewegung, insbesondere der oberen Extremitäten, dem Leitmodell nahekommt (die zeitliche Folge der Geschwindigkeitsmaxima und deren Relationen nähern sich dem Prognosemodell an);
— das physische Potential effektiver in der Leistung zum Wirken kommt (HAUK 1991).

Das Zusammenwirken von Zeitprogramm und anderen Leistungsvoraussetzungen in den Wettkampfübungen kann nur durch die **Wettkampfübung** selbst in **maximaler Intensität** und Prognosegeschwindigkeiten gesichert werden. Im Nachwuchstraining fordert dies häufig eine Veränderung der Rahmenbedingungen. Zur Entwicklung prognostischer Tretfrequenzen wurde im Radsport ein Motor-Ergometer eingesetzt (SCHÄBITZ/JÖDICKE 1987). Es ermöglichte bzw. „erzwang" **Prognose-Tretfrequenzen.** Die individuellen Bestwerte der Sportler liegen unter diesen Bedingungen im Bereich derzeitiger Bestwerte des Hochleistungsbereichs (Radsprinter — Bestwerte 260 Umdrehungen pro Minute) und in Einzelbeispielen sogar darüber. Nach dem Experiment werden die realisierten durchschnittlichen Motorfrequenzen auch unter Normalbedingungen auf dem Ergometer erreicht.

Die Sicherung aller Wiederholungen im Zielprogramm unter diesen Trainingsbedingungen führte dazu, daß bereits nach der dritten Trainingseinheit bei einer bis dahin realisierten Gesamtbelastung von nur 72 Sekunden (18 x 4 Sekunden), jene Tretfrequenzen erreicht wurden, die später auch auf die Normalbedingungen übertragen werden können. In den darauffolgenden Trainingseinheiten waren keine weiteren Frequenzsteigerungen mehr möglich (Abb. 40).

Zur Ausbildung prognostischer zyklischer Schnelligkeitsanforderungen wurde der Einsatz des **Laufbandes** als Trainingsmittel geprüft (HENNIGER 1986). Mit Hilfe des Laufbandes ist es möglich, höhere Geschwindigkeiten und damit kürzere Stützzeiten als beim maximalen Sprintlauf unter Normalbedingungen zu realisieren. Die Geschwindigkeit wurde in Abhängigkeit vom Leistungsniveau der Sportler individuell gesteuert und lag zwischen 6,0 und 9,5 m/s (höhere Geschwindigkeiten gestatteten die vorhandenen Laufbänder nicht). Die Sportler hatten die Aufgabe, die Geschwindigkeit nach Erreichen ihres Maximums ca. 20 m zu halten. Da sie über eine Longe gesichert waren, konnte die Steigerung so lange erfolgen, bis die Sportler durch Stolpern die Geschwindigkeit nicht mehr realisieren konnten.

Die Geschwindigkeitssteigerungen auf dem Laufband gegenüber den Normalbedingungen lagen zwischen 100,8 und 126,7 Prozent. Unter gleichen Geschwindigkeitsanforderungen auf dem Laufband und auf der Bahn unterscheiden sich die untersuchten Parameter Stützzeit, Flugzeit, Quotient (Stützzeit/Flugzeit), Schrittlänge und Schrittfrequenz nicht (statistische Sicherheit: 1 Prozent). Bei höheren Geschwindigkeitsanforderungen **(übermaximal)** auf dem Laufband ist die Geschwindigkeit signifikant höher als auf der Bahn. Alle anderen Parameter weisen ebenfalls Veränderungen auf. Die Stützzeit wird kürzer, Flugzeit und Schrittlänge werden länger, der Quotient wird kleiner und die Schrittfrequenz erhöht sich. Mit Ausnahme von nur zwei Probanden können alle

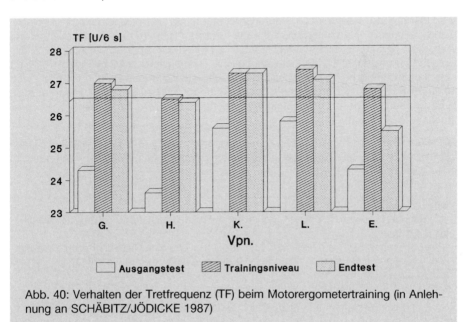

Abb. 40: Verhalten der Tretfrequenz (TF) beim Motorergometertraining (in Anlehnung an SCHÄBITZ/JÖDICKE 1987)

anderen untersuchten Sportler (n = 21) ihre Geschwindigkeit auf dem Laufband deutlich steigern. Diese beiden hatten bis zu ihrem 19. Lebensjahr im Mittelstreckenlauf ein leistungssportliches Training absolviert.

Trotz maximaler Motivation gelang es ihnen unter diesen „Zwangsbedingungen" nicht, aus ihrer offensichtlich stark verfestigten Zeitstruktur, die durch langjährige Trainingsanforderungen geprägt worden war, auszubrechen. In einer Trainingsgruppe der Altersklassen 10 (Gruppe 1) und einer Trainingsgruppe der Altersklasse 11 (Gruppe 2) wurde das Laufband als Trainingsmittel über einen Zeitraum von 9 Wochen (einmal pro Woche) eingesetzt. Das Programm der Trainingseinheit ist in Tab. 23 dargestellt. Die Geschwindigkeit wurde individuell durch den Übungsleiter gesteuert.

Nach dem Experimentaltraining sind auf dem Laufband signifikante Veränderungen der Stützzeit und des Quotienten (Stützzeit/Flugzeit) sowie Entwicklungen in allen Parametern (Flugzeit, Frequenz, Schrittlänge) nachweisbar. Die Geschwindigkeitsvorgabe auf dem Laufband sicherte somit komplexe Anforderungen, d.h., das neuromuskuläre Programm wurde in Einheit mit anderen Leistungsvoraussetzungen ausgebildet. Die Veränderung des Quotienten (Stützzeit/Flugzeit) war ein nicht erwartetes Ergebnis. Bei Konzipierung des Experiments wurde davon ausgegangen, daß das Laufen auf dem Laufband einen negativen Einfluß auf die Schrittechnik ausübt. Die Mehrzahl der Sportler realisiert jedoch beim Laufen im „übermaximalen" Geschwindigkeitsbereich Quotienten (Stützzeit/Flugzeit) unter dem Wert 1, die typisch für Hochleistungssportler sind. Dieses Ergebnis korrespondiert mit denen anderer Experimente dahingehend, daß die Qualität des elementaren Zeitprogramms in hohem Maße Einfluß auf die technische Lösung einer Bewegung ausübt.

Die Übertragung der erreichten Veränderungen auf die Normalbedingungen erfolgt in beiden Gruppen unterschiedlich. Während Gruppe 1 höhere Geschwindigkeiten und kürzere Stützzeiten erreicht, verschlechtern sich fast alle Sportler der Gruppe 2. Die Ursache ist offensichtlich die unterschiedliche Trainingsintensität. Gruppe 1 realisiert eine durchschnittliche Trainingsgeschwindigkeit von 101,8 Prozent und Gruppe 2 von 107,3 Prozent. Die sehr hohe Intensität der Gruppe 2 führt zu einer tiefen neuromuskulären Ermüdung. Diese Erscheinung korrespondiert mit dem Experiment im Hochleistungsbereich (vgl. S. 58 bis 59).

Komplexes Schnelligkeitstraining mit „übermaximalen" Geschwindigkeiten ist eine hochintensive neuromuskuläre Belastung. Sie verlangt besondere Beachtung im Training.

■ Erwärmung:
– 5 Minuten Einlaufen, 5 Minuten Gymnastik, 5 Minuten Lauf-ABC, 2 Steigerungsläufe
■ Laufband:
– 5x 50 m maximal, Pause 5 Minuten (Die Strecke von 50 m schließt die Beschleunigung mit ein, so daß ein Abschnitt von 20 m maximal gelaufen werden mußte.)
■ Auslaufprogramm:
– 15 Minuten Auslaufen, Kompensationsübungen

Tab. 23: Trainingsprogramm in einer Trainingseinheit auf dem Laufband (in Anlehnung an HENNINGER 1986)

Elementare Zeitprogramme bestimmen maßgeblich das Zusammenwirken von Leistungsvoraussetzungen untereinander. Untersuchungsergebnissen zufolge nehmen sie sogar eine zentrale Stellung dahingehend ein, daß das vorhandene Zeitprogramm die Höhe des Nutzungsgrades energetischer Leistungsvoraussetzungen hochgradig beeinflußt (BAUERSFELD 1984; VOSS 1989; FISCHER 1989; HAUK 1991). Gestützt werden kann dies auch durch das EMS-Experiment (KREUTZMANN/ZACHERT 1989) (Abb. 41). Hier verbesserten alle Sportler im Verlauf des Experimentaltrainings ihren Kraftwert in der Stützphase beim Sprunglauf. Jene Sportler, die bereits zu Beginn des Experiments über ein kurzes Zeitprogramm verfügten, erreichten in diesem Merkmal die höchsten Entwicklungen. Das EMS-Training wirkte bei diesen Sportlern deutlicher auf die Entwicklung „paßfähigerer" Kraftvoraussetzungen. Bei den anderen Sportlern bewirkte es in erster Linie eine Veränderung der Ansteuerung (vgl. S. 51 bis 54).

In **situativen Sportarten**, wie z.B. Sportspielen und Zweikampfsportarten, beinhaltet das komplexe Schnelligkeitstraining sowohl die Ausbildung der **kognitiven** als auch der **motorischen Komponente** der **Handlungsschnelligkeit**. Das Training ist darauf gerichtet, die Prozesse der Situationswahrnehmung und -analyse, der Entscheidungsfindung und der motorischen Realisierung zu beeinflussen. Zwischen kognitiver und motorischer Komponente der Handlungsschnelligkeit sind keine statistisch gesicherten Beziehungen nachweisbar (LEHMANN 1989; SCHLIMPER 1989). Folglich muß auf beide Komponenten sowohl differenziert als auch komplex Einfluß genommen werden. Untersuchungsergebnissen zufolge wurde in der Vergangenheit besonders die kognitive Komponente der Handlungsschnelligkeit im Nachwuchstraining stark vernachläs-

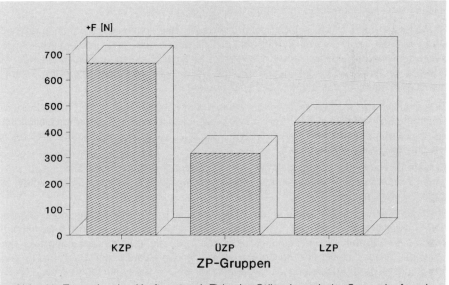

Abb. 41: Zuwachs des Kraftwertes (+F) in der Stützphase beim Sprunglauf nach EMS-Training (in Anlehnung an KREUTZMANN/ZACHERT 1989)

sigt (KIRCHGÄSSNER/BASTIAN 1984; KRAUSPE 1984; NEILING/SPLITT 1986; KÜHN 1987; ZEMPEL u.a. 1989). Bei der akzentuierten Ausbildung der kognitiven Komponente sind **hohe Anforderungen an die Geschwindigkeit** zu stellen. Es sind solche Übungsformen auszuwählen, die vom Sportler die Wahrnehmung und die Analyse der Situation sowie das Treffen der Entscheidung unter **Zeitdruck** verlangen.

Das Training der kognitiven Komponente der Handlungsschnelligkeit ist eng mit dem Prozeß der technischen und technisch-taktischen Vervollkommnung zu verbinden. Die zur Anwendung kommenden Übungen sind abhängig vom technischen Ausbildungsstand des Sportlers. Technische Unzulänglichkeiten dürfen das Entscheidungsverhalten nicht beeinträchtigen. Bei relativ elementaren Handlungen können Schnelligkeitsanforderungen frühzeitig abgefordert werden.

Kompliziertere Handlungen bedürfen der Berücksichtigung individueller Voraussetzungen sowie entsprechender Spielsituationen bzw. Kampfhandlungen. Bei akzentuierter Ausbildung der motorischen Komponente der Handlungsschnelligkeit sind die spezifischen Bedingungen der Ausbildung von Zeitprogrammen zu berücksichtigen.

Untersuchungen im **Handball** in der Altersklasse 15 verdeutlichen, daß neben der notwendigen Ausprägung der motorischen Komponente besonders unter technisch-taktischem Aspekt Schnelligkeitsanforderungen in den Bereichen des Spielhandlungs- und Situationstrainings sowie im Wettkampfverhalten zu verwirklichen sind (NEILING/ SPLITT 1986).

Es zeigt sich, daß bereits im Nachwuchsbereich die Mehrzahl der Sportler Situationen schnell und richtig erfassen und beurteilen, die Entscheidungsfindung jedoch durch das individuelle technische Vermögen des Sportlers bestimmt wird.

Bevor relativ komplizierte spieltypische azyklische Bewegungskombinationen schnell geübt werden können, muß deshalb die Grundstruktur des Bewegungsablaufs beherrscht werden. Eine relativ hohe Anzahl technisch-taktischer Fehler bei hohem Spieltempo verdeutlicht, daß besonders die Schnelligkeitsanforderungen im Zusammenspiel noch nicht ausreichend beherrscht werden.

Eine effektive Lösung schnelligkeitsorientierter Spielsituationen erfordert insbesondere eine hohe Schnelligkeit in der „Kleinraummotrik", das Üben des Zusammenspiels unter hohen Tempobedingungen sowie die Ausbildung individueller Techniken unter hohen Geschwindigkeitsanforderungen.

Bereits im Nachwuchs muß deshalb das Spielsituationstraining als Bindeglied zwischen elementarem Spielhandlungstraining und wettkampfmäßigem Training stärker beachtet werden.

Die Ausführung schneller Handlungen ist an spezifische Rahmenbedingungen gebunden. Bewährt haben sich bei Schnelligkeitsanforderungen im technisch-taktischen Training im **Fußball** solche Rahmenbedingungen, wie die Variation der Feldgröße, der Spielerzahl, der Anzahl der Ballberührungen, der Spieldauer, der Begrenzung von Handlungsräumen, Ausbildungsanweisungen (direktes Zuspiel, kürzester Weg...), Zeitvorgaben u.a. (ZEMPEL u.a. 1989).

Als Ergebnis mehrjähriger Untersuchungen wird im Fußball bereits auf eine schnelligkeitsorientierte Ausbildung ab dem Grundlagentraining geachtet.

In einem fünfmonatigem Trainingsexperiment mit fünfzehnjährigen **Ringern** wurde das Schnelligkeitstraining mit der technisch-taktischen Vervollkommnung von Kampfhandlungen verbunden und damit komplexe Schnelligkeitsanforderungen gestellt (vgl. Tab. 24).

Im Ergebnis des Experiments verbessern sich ringkampfspezifische Schnelligkeitsleistungen signifikant. Die größeren Leistungsfortschritte werden erwartungsgemäß in der kognitiv determinierten Komponente der Handlungsschnelligkeit erreicht. Die Entwicklungen in der motorischen Komponente sind wesentlich geringer (vgl. Abb. 42).

Schnell handelnde Sportler erreichen den für die Wirksamkeit der Kampfhandlung entscheidenden Schnelligkeitsvorteil aufgrund kürzerer kognitiver Teilhandlungszeiten. Eventuelle Nachteile in der motorischen Komponente der Handlungsschnelligkeit werden so oft kompensiert (LEHMANN 1989). Mängel in der kognitiven Komponente sind für hohe Leistungen in den Zweikampfsportarten nicht kompensierbar.

Handlungsziel/Aufgabenstellung:
Erzielen einer hohen technischen Punktwertung durch einen Wurf
Spezifik einer typischen Wurfsituation:
Arme des Gegners auf der Außenbahn, Hüfte des Gegners ungesichert
motorische Lösung:
Wurf über die Brust

Schnelligkeitsanforderungen	Trainingsmittel	trainingsmethodische Hinweise
kognitiv (Situationswahrnehmung/-analyse): schnelles Wahrnehmen der Situationsmerkmale „Außenbahn" und „ungesicherte Hüfte"	Übungen zur optischen und taktilkinästhetischen Situationswahrnehmung und -analyse	Kenntnisvermittlung zu handlungsrelevanten Signalen (audiovisuelle Mittel: Demonstration)
kognitiv (Entscheidungsfindung): schnelle (kompromißlose) Entschlußfassung für den Wurf über die Brust	Reaktionsübungen	Wechsel zwischen einfachen sportlichen Reaktionen und unterschiedlich komplizierten Wahlreaktionen
motorisch (technisch-koordinativ): „flüssige Koordination" der Teilkörperbewegungen, schnelles Herantreten, Umfassen und Schnüren des Rumpfes, Strecken der Beine und des Rumpfes, Einleiten der Drehung im richtigen Moment	Übungen zur Koordination der Teilkörperbewegungen	Imitations- und Partnerübungen; Partnerwechsel
motorisch (konditionell): schnell- bzw. explosiv-kräftige Teilbewegungen	Kampfübungen zum Schnüren, Strecken und zur Festhalte	Partnerwechsel; Einsatz verschiedener Trainingsgeräte (Puppe, Medizinball)

Tab. 24: Analyse der Schnelligkeitsvoraussetzungen und Bestimmung von Trainingsmitteln und -methoden zu ihrer Entwicklung am Beispiel einer konkreten Kampfhandlung (KÜHN 1989)

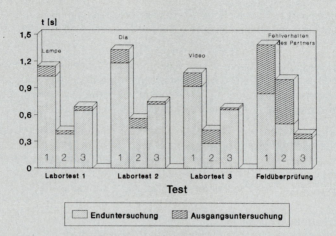

Abb. 42: Vergleich der Gesamthandlungszeiten aus der Ausgangs- und Enduntersuchung (in Anlehnung an KÜHN 1989)
1 = Gesamthandlungszeit
2 = kognitive Teilhandlungszeit
3 = motorische Teilhandlungszeit

Im komplexen Schnelligkeitstraining dominieren Spezialübungen und die Wettkampfübung. Sie sind mit maximaler und „übermaximaler" Intensität auszuführen. Das Realisieren prognostischer (übermaximaler) Geschwindigkeiten erfordert spezifische Rahmenbedingungen. Komplexe Schnelligkeitsbelastungen sind hochintensive Belastungen für das neuromuskuläre System. Sie erfordern deshalb einen akzentuierten Einsatz der Trainingsmittel. Die Ermüdung stockt sich auf und wird in der Trainingseinheit oft nicht unmittelbar sichtbar.
Zur optimalen Ausbildung von Zeitprogrammen in der Wettkampfbewegung sind auch in anderen Trainingsbereichen (z.B. Kraft und Technik) möglichst zeitprogrammadäquate Anforderungen zu stellen.

Die Untersuchungsergebnisse zum elementaren und komplexen Schnelligkeitstraining stützen zahlreiche formulierte Grundsätze/Regeln zum Schnelligkeitstraining, weisen aber auch auf notwendige Präzisierungen hin.

Hervorzuheben ist die deutlichere **Differenzierung** zwischen **elementarem** und **komplexem Schnelligkeitstraining**. Eine unzureichende Beachtung dieser Differenzierung birgt die Gefahr in sich, daß notwendige elementare Schnelligkeitsvoraussetzungen insbesondere im Nachwuchstraining nicht in entsprechender Qualität ausgebildet werden und die Wirksamkeit des komplexen Schnelligkeitstrainings eingeschränkt wird.

Das derzeit in der Praxis durchgeführte Schnelligkeitstraining ist seinem Charakter nach komplexes Schnelligkeitstraining und dominiert auch im Nachwuchsbereich. Es unterscheidet sich in seiner methodischen Gestaltung nicht prinzipiell vom Training des Hochleistungssportlers. In der Regel realisiert der Nachwuchssportler nur einen geringeren Umfang und verlängert die Pausen. So kann z.B. die häufige Anwendung von Spezial- und Wettkampfübungen in maximaler Intensität im Nachwuchsbereich zum Aufbau von Fehlstrukturen führen. Die Ursache liegt unter anderem darin, daß dieses Training nur unzureichend der spezifischen Entwicklungssituation des Nachwuchssportlers entspricht. Er entwickelt sein Zeitprogramm in einem Bedingungsgefüge (seine aktuellen Kraftvoraussetzungen, körperbaulichen Voraussetzungen u.a.), das perspektivischen Anforderungen nicht gerecht wird. Der geringe Umfang, der benötigt wird, um neuromuskuläre Prozesse zu beeinflussen, führt gleichzeitig schnell zu einem hohen Verfestigungsgrad, der zu späteren Zeitpunkten oft nicht mehr korrigierbar ist und dann die Leistungsentwicklung begrenzt.

Im speziellen Leistungsvermögen des Nachwuchssportlers spiegelt sich dies jedoch nicht wider. Es ist durchaus möglich, daß hohe spezielle Leistungen in diesem Altersbereich auch bei unzureichend perspektivisch ausgebildeten Zeitprogrammvoraussetzungen erreichbar sind, da die **Freiheitsgrade** dieser Leistungen noch relativ groß und zahlreiche **Kompensationsmöglichkeiten** vorhanden sind (BAUERSFELD 1988).

Im Rahmen des langfristigen Leistungsaufbaus sind deshalb Akzentuierungen dahingehend notwendig, daß im **Nachwuchstraining** das **elementare Schnelligkeitstraining** gegenüber dem komplexen Schnelligkeitstraining dominiert. Im **Hochleistungstraining** hat das **komplexe Schnelligkeitstraining** gegenüber dem elementaren eindeutig den Vorrang, was jedoch nicht heißt, daß der Hochleistungssportler völlig auf elementares Schnelligkeitstraining verzichten kann. Im Jahres- und Mehrjahresaufbau sportlicher Leistungen ist elementares prinzipiell vor dem komplexen Schnelligkeitstraining durchzuführen. Betont werden muß, daß das komplexe Schnelligkeitstraining seine Wirkung nur dann erreicht, wenn das elementare Schnelligkeitsniveau in perspektivischer Qualität ausgebildet wurde.

Elementares und komplexes Schnelligkeitstraining sind stets als Einheit zu betrachten und bedingen einander. In keiner Ausbildungsetappe des langfristigen Leistungsaufbaus kann elementares oder komplexes Schnelligkeitstraining allein die spezifischen Schnelligkeitsanforderungen einer Sportart bzw. Disziplin erfüllen.

Ein entsprechendes Vorgehen zeigt Tab. 25 für die langfristige Entwicklung sportlicher Höchstleistungen. Die dargestellte Stufenfolge beinhaltet drei deutlich voneinander abzugrenzende Stufen, wobei die Übergänge von einer zur nächsten Stufe in der Praxis fließend erfolgen. Eine vorzeitige schwerpunktmäßige Absolvierung von Inhalten einer höheren Stufe führt zu negativen Auswirkungen auf den langfristigen Leistungsaufbau.

Für das praktische Vorgehen im Anfänger- und Nachwuchstraining bedeutet das, daß die Ausbildung elementarer neuromuskulärer Zeitprogramme unbedingt ein Schwerpunkt dieser Trainingsetappe sein muß.

Im Mittelpunkt eines solchen Trainings stehen schnelligkeitsorientierte allgemeine bzw. zielgerichtete Trainingsübungen (keine speziellen), mit zeitlich kurzen und räumlich kleinen Bewegungen unter erleichterten oder normalen (nicht erschwerten) Bedingungen. Besonders geeignet sind die breite Palette der „Kleinen Spiele" und nahezu alle Sportspiele.

Ausbildungsstufe	Allgemeine Hinweise	Beispiele für azyklische Schnellkraftsportart (Leichtathletik Sprung)
Stufe 1: Entwicklung des kurzen Zeitprogramms	Entwicklung des Zielprogramms in einer relativ einfachen, aber verwandten Bewegung Organisierung des Bewegens im Zielprogramm durch gezielten Einsatz von Trainingsübungen	Organisierung der Ausführung der relativ einfachen Trainingsübung Nieder-Hoch-Sprung im Zielzeitprogramm (Stützzeit unter 170 ms) durch - Körpergewichtsentlastung - Zwangsbedingungen oder andere Mittel zum stärkeren Richten des Reizes
	Entwicklung der Zeitprogramme in relativ kurzen, akzentuiert gestalteten Abschnitten	Trainingsabschnitt von 6 bis 8 Wochen Dauer zur Entwicklung des kurzen Zeitprogramms (später kürzere Abschnitte als Erinnerungsreiz möglich)
	Realisierung von mindestens 50 % der Wiederholungen im Zielprogramm Maximale Bewegungsintensität und hohe Ausführungsqualität Relativ niedriger Belastungsumfang (verglichen mit anderen Trainingsbereichen)	Körpergewichtsentlastung bei den Nieder-Hoch-Sprüngen 30 bis 50 % des Körpergewichts Belastungsumfang: 140 bis 300 Sprünge in 6 bis 8 Wochen Maximal 2 Trainingseinheiten pro Woche 2 bis 3 Serien pro Trainingseinheit 5 bis 8 Sprünge pro Serie
	Derzeitiges Pausenregime beibehalten	Serienpause 5 bis 10 Minuten In einem 8 Wochen-Abschnitt eine einwöchige Erholungsphase (für dieses Trainingsmittel) einschieben
Stufe 2: Ausprägung des Zielzeitprogramms in den speziellen Techniken	Ausprägung des Zielzeitprogramms in der speziellen Technik erst nach der Entwicklung des Programms in der einfacheren Bewegung Bereits teilweise „automatische" Übertragung des Programms auf die spezielle Bewegung	Ausprägung des kurzen Zeitprogramms in der speziellen Sprungübung erst beginnen, wenn es im Nieder-Hoch-Sprung erreicht wird bzw. wenn das Training unter Entlastung beendet ist

	Das Zeitprogramm bzw. die zeitlich-rhythmische Struktur der Hauptphase steht im Mittelpunkt Bedingungen sind: - Maximale bzw. wettkampfspezifische Geschwindigkeitsanforderungen - Realisierung von mindestens 50 % der Wiederholungen der zu erlernenden Bewegung im Zielprogramm (dazu können nach Möglichkeit auch erleichterte Bedingungen eingesetzt werden) - Räumliche Bewegungsmerkmale, die die Ausprägung des Zielprogramms unmittelbar unterstützen, mit speziellen Technikübungen gezielt entwickeln	Entwicklung des Anlauf-Absprung-Komplexes im Mittelpunkt des Trainings, Flugbewegungen sind vorerst sekundär - Im Techniktraining mindestens 50 % der Sprünge aus hohen Anlaufgeschwindigkeiten, also aus langen Anläufen, absolvieren - Absprungzeiten im kurzen Zeitprogramm - Die räumlichen und räumlich-zeitlichen Technikmerkmale Greifbewegung, Stemmbewegung und Fußaufsatz bei Sprungbewegungen so entwickeln, daß das Erreichen des kurzen Zeitprogramms begünstigt wird
	Ausprägung der Gesamttechnik nach den Prinzipien des Techniktrainings	Zur Entwicklung der Bewegungen in den Flugphasen auch Absprünge aus niedrigen Geschwindigkeiten oder mit Absprungunterstützung u. a. m. einsetzen
	Wettkampf- bzw. Trainingsübungen, die geringere Geschwindigkeitsanforderungen an das kurze Zeitprogramm stellen, vor denen mit höheren Geschwindigkeitsanforderungen ausbilden	Kurzes Zeitprogramm erst im Hoch-, dann im Weitsprung ausbilden
Stufe 3: Beachtung des Zielzeitprogramms im speziellen Konditionstraining	Nur die Trainingsübungen zur Entwicklung konditioneller Leistungsvoraussetzungen einsetzen, in denen das kurze Zeitprogramm erreicht wird Realisierung von mindestens 50 % der Wiederholungen einer Trainingsübung im bewegungsspezifischen Zeitprogramm	Technik des Sprunglaufs erst zum kurzen Zeitprogramm entwickeln, den Sprunglauf dann erst zur Sprungkraftentwicklung einsetzen Steuerung des Sprungkrafttrainings nach dem prozentualen Anteil der Sprünge im Zielprogramm (Messung der Absprungzeiten bzw. Anlaufgeschwindigkeiten im Training notwendig)

Tab. 25: Methodische Hinweise zur Ausbildung elementarer neuromuskulärer Zeitprogramme

Vorzugsweise Haschespiele und Staffelspiele sind zur Ausbildung der Reaktionsschnelligkeit und der Antrittsschnelligkeit einzusetzen. Durch vielfältige Variation der Rahmenbedingungen (Verkleinerung der Spielfeldgröße, Verringerung der Anzahl der Spieler, Verkürzung der Spielzeit, Nutzung leichterer und kleinerer Bälle) können nahezu alle Sportspiele zur Ausbildung von Schnelligkeitsvoraussetzungen genutzt werden. Die hohe emotionale Erregung, hervorgerufen durch den Spielgedanken und das Spielgeschehen, mobilisiert und erhöht den Anstrengungsgrad. Der Sportler entwickelt im Spiel oftmals Kräfte, die er bei einer normalen Anstrengung im Training nicht freisetzen würde. Das Spiel führt immer, vorausgesetzt der Sportler ist voll dabei, zu einem hohen Anstrengungsgrad bei „relativ großer Lockerheit".

Ist das Ziel der ersten Stufe, die Grundausprägung des perspektivisch notwendigen Zeitprogramms in einer allgemeinen und unkomplizierten Bewegung, erreicht, kann sich weitestgehend unabhängig vom Alter des Sportlers der zweiten Stufe zugewandt werden.

Die elementaren Zeitprogramme müssen nun in den speziellen Trainingsübungen und in der Wettkampfübung ausgeprägt werden. Zwischen Zeitprogrammtraining und Techniktraining ist dabei eine enge Verbindung herzustellen. Die Kompliziertheit der Mehrzahl der sportlichen Techniken gestattet beim Erlernen der sportlichen Technik jedoch noch keine prognostischen Geschwindigkeiten (und damit auch keine prognostischen Zeitprogrammanforderungen).

Die Auffassungen zu den Beziehungen zwischen Schnelligkeit und Technik differieren in der Praxis noch sehr stark. In der Mehrzahl der Sportarten wird die sportliche Technik zunächst in geringer Geschwindigkeit erlernt, und erst mit zunehmender Verbesserung räumlicher Bewegungsparameter werden die Geschwindigkeitsanforderungen erhöht. Dieses Vorgehen ist aus der Sicht des Trainings elementarer Zeitprogramme nicht sinnvoll.

Die Technik muß von Anfang an in möglichst großer Annäherung an die perspektivischen Anforderungen erlernt werden. Dies erfordert besonders bei der sporttechnischen Ausbildung die Veränderung der Rahmenbedigungen. Gelingt dies nicht, führen zu starke Abweichungen von der Zieltechnik zum Aufbau falscher Zeitprogramme. Die Veränderung der Rahmenbedigungen ist auch deshalb bedeutsam, weil der Zeitprogrammaufbau nicht über das Erlernen von Details eines Bewegungsablaufes erfolgt, sondern über die Gesamtheit der Bewegung in ihrer Rhythmik und Dynamik.

Speziell vorbereitende Übungen und Imitationsübungen werden vor der Schulung der Gesamtbewegung der Wettkampfübung eingesetzt. Im zeitprogrammorientierten Techniktraining ist von Anfang an darauf zu achten, daß die Mehrzahl der Wiederholungen im Bereich maximaler Intensitäten ausgeführt wird. Diese Forderung gilt nicht nur in der zweiten Phase (Erlernen der Technik), sondern in besonderem Maße in der dritten Stufe, denn das Zusammenspiel von Technik und Leistungsvoraussetzungen muß ständig dem jeweils aktuellen Entwicklungsstand angepaßt werden. Damit wird Techniktraining zu einer permanenten Aufgabe.

Mit jedem Techniktraining werden so auch spezielle Leistungsvoraussetzungen mitentwickelt. Wird das Techniktraining wie beschrieben durchgeführt, besteht keine Gefahr, daß dabei die speziellen Leistungsvoraussetzungen strukturell nicht paßfähig ausgebildet werden. Für die Entwicklung spezieller Leistungsvoraussetzungen reicht ein solches Techniktraining allein jedoch nicht aus. Spezielle Krafttrainingsübungen werden spätestens nach Abschluß der biologischen Reifung der Sportler im Training mit eingesetzt. Erst sie stellen sicher, daß ein physisches Niveau entwickelt wird, das Höchstleistungen gestattet.

Durch eine paßfähige Entwicklung spezieller Leistungsvoraussetzungen wird ein hoher Nutzungsgrad in der Wettkampfleistung erreicht (vgl. S. 75). Erforderlich ist jedoch, daß alle eingesetzten speziellen Haupttrainingsübungen im Zielzeitprogramm beherrscht und realisiert werden.

Gegenwärtig werden diese Haupttrainingsübungen (insbesondere im Nachwuchstraining) oftmals noch nicht in der gleichen Qualität beherrscht, wie das bei der Wettkampfübung der Fall ist. Die Trainingsübung wird in der Regel jedoch wesentlich häufiger eingesetzt. Hinzu kommt, daß eine oftmals formale Orientierung auf höhere Trainingsbelastungen eine überproportionale Ausdehnung der Belastungsumfänge und damit eine Senkung der Trainingsintensität mit sich bringt.

Beide Erscheinungen führen dazu, daß entwickelte Leistungsvoraussetzungen, insbesondere bei schnelligkeitsveranlagten Sportlern, nicht mehr wirken und erwartete Leistungsentwicklungen ausbleiben.

Wenn die Haupttrainingsübungen im Zielzeitprogramm beherrscht werden, sind sie auch im Training mit diesem Anspruch zu realisieren. D.h., die speziellen Trainingsübungen werden unter den gleichen Bedingungen (intensitätsorientiert) eingesetzt, wie Übungen zur Entwicklung der elementaren Zeitprogramme und wie die Übungen im Techniktraining. Die Belastungsumfänge sind dementsprechend auch hier über die Sicherung des Zielprogramms zu steuern (vgl. S. 56 bis 57).

Ausgewählte trainingsmethodische Orientierungen für die Gestaltung des Schnelligkeitstrainings

❶ Die **Schnelligkeit** ist eine **elementare Leistungsvoraussetzung**. Ihr Ausprägungsgrad wird durch die Qualität neuromuskulärer Steuer- und Regelprozesse bestimmt. Das Schnelligkeitstraining muß darauf orientiert sein, prognostische Qualitäten neuromuskulärer Steuerprogramme auszubilden.

❷ **Schnelle Bewegungen** sind **programmgesteuert**, d.h., sie laufen nach einem im Zentralnervensystem gespeicherten Programm ab. Während der Bewegungsausführung erfolgt auch keine Korrektur über Rückkopplungsmechanismen aus der Peripherie. Die richtige Bewegungsausführung ist somit eine notwendige Bedingung, um das vorhandene Schnelligkeitspotential leistungswirksam auszuschöpfen. Bei der Übungsauswahl ist deshalb darauf zu achten, daß die Übung nicht zu kompliziert ist bzw. bei komplizierten Übungen die Hauptelemente technisch beherrscht werden.

❸ **Neuromuskuläre Steuer- und Regelprozesse** bilden sich **tätigkeitsabhängig** aus. Sie unterliegen nicht einem natürlichen Reifeprozeß. Für die Schnelligkeitsausbildung bedeutet dies, in Abhängigkeit von den spezifischen Anforderungen der Leistungsstruktur der Sportart/Disziplin azyklische, zyklische bzw. komplexe Schnelligkeitsanforderungen frühzeitig zu stellen.

❹ **Azyklische Schnelligkeit, zyklische Schnelligkeit** und **Handlungsschnelligkeit** sind spezifische, relativ selbständige Erscheinungsformen der Schnelligkeit. Sie bedürfen zu ihrer Ausbildung einer entsprechenden **differenzierten Methodik**. Prinzipiell sind im Training azyklische Schnelligkeitsbelastungen vor zyklischen und komplexen zu realisieren.

❺ Die Ausbildung der Schnelligkeit wird sowohl durch **physiologische** als auch durch **psychische Vorgänge** bestimmt. Ihr optimales Zusammenwirken bestimmt das Ergebnis einer Schnelligkeitsaktion wesentlich. Folglich sind beide Akzente im Training zu berücksichtigen.

❻ Beim Schnelligkeitstraining ist die Motivation des Sportlers von hoher Bedeutung. Die **bewußte Mitarbeit** des Sportlers, die Identifikation mit der Trainingsaufgabe sind die wesentlichen Voraussetzungen für den Trainingserfolg. **Vorrangig** auszubilden sind die **Mobilisations-** und die **Konzentrationsfähigkeit**.

❼ Für die **Ausbildung** der Schnelligkeit ist der Zeitabschnitt bis zum **Abschluß der biologischen Reifung** besonders günstig. Ein frühzeitiges Üben schneller Bewegungshandlungen unterstützt den motorischen Lernprozeß. Belastungen zur Erhöhung der Schnelligkeitsvoraussetzungen sind im Kinder- und Jugendtraining ein für die weitere Entwicklung bedeutsamer Faktor. Dies gilt **nicht nur für schnelligkeitsdeterminierte Sportarten und Disziplinen**, sondern auch für

Sportarten/Disziplinen mit hohen Ausdauer-, Kraft- bzw. technischen Anforderungen.
Das **Kinder- und Jugendtraining** ist **in allen Trainingsbereichen schnelligkeitsorientiert** zu gestalten.

❽ Die Kompliziertheit vieler Wettkampfbewegungen sowie der noch geringe Entwicklungsstand energetischer und körperbaulicher Voraussetzungen gestatten im Kinder- und Jugendtraining oftmals noch nicht ein den perspektivischen Anforderungen der Wettkampfbewegung entsprechendes Schnelligkeitstraining. Schnelligkeitsübungen zeichnen sich in diesem Altersbereich dadurch aus, daß die **Kraftanforderungen** gegenüber der Wettkampfbewegung **minimiert** werden, bzw. **Übungsbedingungen geschaffen** werden, die besonders **hohe Bewegungs- und Handlungsgeschwindigkeiten** sowie eine **schnelle Situationserkennung** und **-verarbeitung** gestatten.

❾ Die Ausbildung der Schnelligkeit erfordert **maximale** und **übermaximale** Intensitäten (maximale Geschwindigkeiten, kurze Zeit bei Einzelbelastung, maximale Bewegungsfrequenzen, Übungen unter Zeitdruck, Übungen mit Entlastung, Bewegungen auf minimierten Räumen).
Innerhalb einer Trainingseinheit ist ein **oftmaliger Wechsel** zwischen maximalen, übermaximalen und submaximalen Intensitäten zu sichern. Neben der **Wiederholungsmethode** ist besonders der Einsatz der **Kontrastmethode** zu empfehlen.

❿ Die Nutzung maximaler Intensitäten im Schnelligkeitstraining und die Berücksichtigung biologischer Entwicklungsspezifika erfordern, der **Pausenlänge** besondere Aufmerksamkeit zu schenken. Die Pause muß **so lang** sein, daß bei einer **folgenden Wiederholung die Geschwindigkeit**, die Zeit (oder die Anzahl der Versuche in der Zeiteinheit) bzw. die Frequenz der vorangegangenen Übung **wieder erreicht wird**.
Als Richtwert bei Schnelligkeitsbelastungen mit zyklischen Übungen gilt, pro gelaufene 10 Meter in maximaler Intensität 1 Minute Pause.
Besonders im **Nachwuchstraining** ist zur Vermeidung von Schäden am Knorpelgewebe die Pause **druckentlastend** zu gestalten.

⓫ Im Schnelligkeitstraining sollte die **Belastungsdauer** bei **zyklischen Übungen 8 bis 10 s nicht überschreiten. Zyklische Schnelligkeitshandlungen bei Nachwuchssportlern** liegen zweckmäßig nur bei **6 s**. Dementsprechend sind im Schnelligkeitstraining nur solche Streckenlängen zu nutzen, die diesem Zeitbereich entsprechen (der Zeitbereich bestimmt die Länge der Laufstrecke!). **Azyklische** Schnelligkeitshandlungen sind als **maximaler Einzelversuch** bzw. nur in kleinen Serien zu gestalten. Dabei darf die Anzahl der Versuche innerhalb einer Serie den genannten Zeitbereich nicht wesentlich überschreiten (Summierung der Zeit der Einzelversuche).

⓬ Die hohen Anforderungen an das neuromuskuläre System gestatten nur eine **geringe Anzahl maximaler Versuche innerhalb einer Trainingseinheit**. Während im **Hochleistungstraining** in Sportarten mit hohen Schnelligkeitsanforderungen die Ausbildung der Schnelligkeit in **gesonderten Trainingseinheiten** realisiert wird, sollte im **Nachwuchstraining** die Schnelligkeitsausbildung nur **Teil einer Trainingseinheit** sein. Nach gründlicher Erwärmung liegt sie prinzipiell in der ersten Hälfte der Trainingseinheit.

⑬ Die **Handlungsschnelligkeit** als eine komplexe Erscheinungsform beinhaltet sowohl eine kognitive als auch eine motorische Komponente. Die Ausbildung der **kognitiven Komponente** erfolgt nach den Regeln des Lerntrainings, die Ausbildung der **motorischen Komponente** nach den Regeln des Schnelligkeitstrainings.

Die Ausbildung der Handlungsschnelligkeit ist unmittelbar mit dem Prozeß der technischen und technisch-taktischen Vervollkommnung zu verbinden. Die zur Anwendung kommenden Übungen müssen dem erreichten technischen Ausbildungsstand entsprechen. In der Phase des Erlernens technisch-taktischer Übungen dominieren im Schnelligkeitstraining Imitationsübungen, Übungen unter erleichterten Bedingungen (kleinere Geräte, leichtere Geräte), Partnerübungen ohne bzw. mit leichtem Widerstand. In der Phase der Festigung und Stabilisierung kommen schnelligkeitsorientierte Kampfhandlungen bzw. Spielsituationen zur Anwendung. Innerhalb einer Trainingseinheit sollten auch bei notwendiger Akzentuierung einer Komponente stets Übungen zur komplexen Ausbildung der Handlungsschnelligkeit zur Anwendung kommen.

Bei der Ausbildung der kognitiv determinierten Komponente der Handlungsschnelligkeit werden Übungen zur Situationswahrnehmung, -analyse und Entscheidungsfindung eingesetzt.

⑭ Die Schnelligkeit entwickelt sich **anforderungsspezifisch**. Entscheidend für Anpassungsvorgänge in bestimmten Entwicklungsetappen ist ein wiederholter und konzentrierter Einsatz von Belastungsanforderungen. Schnelligkeitstraining ist **ganzjährig und akzentuiert** durchzuführen. In Abhängigkeit von den Anforderungen der Leistungsstruktur der Sportart/Disziplin ist die Schnelligkeit konzentriert in Trainingsabschnitten (zwei bis vier pro Trainingsjahr) mit einer Mindestlänge von 14 Tagen auszubilden. Schnelligkeitstraining verlangt bei ganzjähriger Durchführung einen oftmaligen Übungs- und Intensitätswechsel (maximal, übermaximal, submaximal), damit nicht frühzeitig durch zu häufige Wiederholungen gleicher Anforderungen Schnelligkeitsstereotype (Geschwindigkeitsbarrieren) herausgebildet werden.

Diagnose und Steuerung des Schnelligkeitstrainings

Erfahrungen und Erkenntnisse aus Theorie und Praxis belegen, daß eine effektive Ausbildung von Leistungsvoraussetzungen durch eine aussagefähige Diagnose beeinflußt wird. Jede Diagnose schließt dabei

— das Erfassen des aktuellen Zustands der elementaren und komplexen Leistungsvoraussetzungen sowie
— das Werten und Beurteilen der Ergebnisse durch vergleichende Betrachtung mit dem realisierten Training ein.

Unterzieht man die derzeit übliche Diagnose der Schnelligkeit einer Analyse, so fällt auf, daß Objektivierungsverfahren für sportliche Leistungen den Vorrang haben. Als Parameter werden die Zeit (s), die Geschwindigkeit (m/s) und die Frequenz (s) benutzt.

Steht die Objektivierung der **Schnelligkeit bei zyklischen Aktionen** im Mittelpunkt, so dominieren sportmotorische Testübungen, vorrangig von den im leichtathletischen Sprint üblichen Tests abgeleitet. Durchgeführt werden:

— Zeit- und Geschwindigkeitsmessungen,
— Frequenzmessungen,
— Reaktionszeitmessungen.

Zeit- und Geschwindigkeitsmessungen auf bestimmten Streckenabschnitten werden zur Objektivierung der Beschleunigungsfähigkeit bzw. der lokomotorischen Schnelligkeit genutzt. Sie erfolgen mittels technischer Apparaturen, wie z.B. Speedografen und Lichtschranken oder mit der Stoppuhr. Die Streckenlänge wird durch die spezifischen Anforderungen der Sportart, unter Beachtung des Alters und der Leistungsfähigkeit des Sportlers, sowie durch das Anliegen der Messung (Objektivierung der Beschleunigungsfähigkeit oder Objektivierung der lokomotorischen Schnelligkeit) bestimmt. Übungen aus der Ruhe oder einem relativ langsamen Tempo bis zum Erreichen der Maximalgeschwindigkeit werden zur Objektivierung der Beschleunigungsfähigkeit angewendet. Das Ziel besteht darin, die Geschwindigkeit schnell bis zum Maximum zu steigern. Bei der Objektivierung der lokomotorischen Schnelligkeit werden Übungen aus der Bewegung genutzt, wobei die Maximalgeschwindigkeit beim Erreichen des Meßabschnitts erreicht sein muß. Das Ziel besteht darin, sie möglichst lange zu halten. So werden z.B. in der Leichtathletik Strecken bis 80 m zur Objektivierung der Beschleunigungsfähigkeit und Strecken bis 100 m zur Objektivierung der lokomotorischen Schnelligkeit genutzt. Im Bahnradsprint wird die Sprintschnelligkeit auf Strecken bis 200 m überprüft. Das Antrittsvermögen der Fußballspieler wird z.B. über Streckenlängen bis 30 m und das maximale Sprintvermögen über Streckenlängen von 30 bis 60 m objektiviert.

Frequenzmessungen liegen in Zeitbereichen zwischen 6 und 10 Sekunden. Entsprechend sportartspezifischer Anforderungen werden akustische, taktile oder visuelle **Reaktionszeiten** ermittelt. Ihre Messung erfolgt mit entsprechenden Apparaturen.

Bei der Objektivierung **azyklischer, schneller Aktionen** dominieren **Zeit- und Geschwindigkeitsmessungen**, aber auch die Ermittlung von Weiten oder Höhen. Dafür werden häufig die sportmotorischen Testübungen Dreierhopp, Schlußweitsprung und Strecksprung genutzt.

Zur Objekivierung der **Handlungsschnelligkeit** wurden in den letzten Jahren sportartspezifische Verfahren entwickelt, die Aussagen zum Ausprägungsgrad der kognitiven und motorischen Komponente gestatten. Erfaßt werden **Gesamthandlungs- und Teilhandlungszeiten** sowie **Geschwindigkeiten im Teilhandlungsvollzug.**

In sportartspezifischen Tätigkeitsfeldern sind Zeit- und Geschwindigkeitsmessungen mit einer Vielzahl von Problemen verbunden. Eine aussagefähige Kontrolle der Handlungsschnelligkeit ist deshalb nur in Verbindung von Labor- und Wettkampfuntersuchungen möglich.

Die Mehrzahl der derzeitig zur Anwendung kommenden Methoden eignet sich zur Kontrolle von Schnelligkeits-/Schnellkraftleistungen. Das Erfassen von elementaren Schnelligkeitsvoraussetzungen ist unterrepräsentiert bzw. erfolgt so gut wie gar nicht. Dies ist besonders für das Nachwuchstraining problematisch, da in dieser Etappe die Ausbildung elementarer Schnelligkeitsvoraussetzungen erfolgen muß.

Da sich die Diagnostik immer am Trainingsziel orientiert, muß eine Schnelligkeitsdiagnose sowohl die Kontrolle der Wirkung des elementaren als auch des komplexen Schnelligkeitstrainings gestatten. Ihre Weiterentwicklung ist unter Berücksichtigung sportartspezifischer Anforderungen in folgenden Richtungen erforderlich:

1. Erfassen der elementaren Schnelligkeit (azyklisch und zyklisch). Sie gestattet Aussagen über den grundlegenden Ausbildungsstand dieser Leistungsvoraussetzung des Sportlers;
2. Erfassen der elementaren Schnelligkeit in komplexen Leistungen, insbesondere in Spezialübungen und in der Wettkampfübung. Sie gestattet Aussagen zur Übertragung der elementaren azyklischen und zyklischen Schnelligkeit in die speziellen Bewegungen;
3. Ermitteln der Ausnutzung von Leistungsvoraussetzungen in komplexen Leistungen. Sie gestattet Aussagen zum Ausprägungsgrad einzelner Leistungsvoraussetzungen und deren komplexem Zusammenwirken in der Leistung.

Ein solches Vorgehen erfordert einen gewissen gerätetechnischen Aufwand.

Ausgehend von der hohen Bedeutung der Ausbildung eines richtigen perspektivischen Niveaus elementarer Zeitprogramme, sind trotz einer Vielzahl komplizierter Fragen praktische und einfache Lösungen für die Kontrolle vor Ort notwendig. Dies erscheint um so dringender, da sich immer wieder zeigt, daß gegebene Trainingsorientierungen, die nicht kontrollfähig sind, in der Regel auch nur unzureichend umgesetzt werden.

Das Erfassen azyklischer und zyklischer Zeitprogramme der Beine ist zur Zeit ohne Hilfsgeräte kaum möglich. Es erfordert Stützzeitmessungen beim Nieder-Hoch-Sprung oder Frequenzmessungen beim Beintappingtest. Die genutzten Gerätesysteme sind jedoch mit relativ geringem finanziellen Aufwand zu bauen oder auch käuflich zu erwerben.

Zur Kontrolle **zyklischer Schnelligkeitsvoraussetzungen** können aber auch "einfache" Übungen mit der Zielvorgabe, in 6 Sekunden eine maximale Anzahl von Wiederholungen zu erreichen (Seilspringen beidbeinig, Tretfrequenz ohne Widerstand, Kurbelfrequenz ohne Widerstand, Skipping, Dribbeln am Ort u.a.m.), genutzt werden. Der Nutzungsgrad elementarer Schnelligkeitsvoraussetzungen in komplexen Bewegungen

oder auch in der Wettkampfübung kann anhand von **Leistungsdifferenzen** überprüft werden, z.B.
- Leistung beim Werfen eines leichten Geräts zur Leistung mit dem Wettkampfgerät,
- Tappingfrequenz zu Skippingfrequenz,
- Tretfrequenz zu Schrittfrequenz,
- Sprintleistung über 15 m zur Sprintleistung mit Ball über die gleiche Strecke.

Eine Möglichkeit einer umfassenderen Schnelligkeitsdiagnose besteht bei der Durchführung von „**Meßsportfesten**" im Nachwuchsbereich. Bei Meßsportfesten werden elementare Leistungsvoraussetzungen, ihr Umsetzungsgrad in Spezialübungen und die spezielle Wettkampfleistung überprüft. Als **Wettkampf** durchgeführt, wirken sie gleichzeitig als emotionaler Höhepunkt für den Sportler.

Ein Vorteil solcher Meßsportfeste besteht darin, daß der bestehende Widerspruch im Nachwuchstraining zwischen den in Wettkämpfen abgeforderten Leistungen (orientiert

Kontrollübungen	Parameter
Nieder-Hochsprung aus 40 cm Fallhöhe	Stützzeit (ms) Flugzeit (ms) EKA
60 m-Sprint	Laufzeit (s) 30 m-fliegend-Zeit (s) 30 m-fliegend-Geschwindigkeit (m/s)
Weitsprung aus Wettkampfanlauf	Weite (m) Anlaufzeit (ms) [5 m] Anlaufgeschwindigkeit (m/s) Absprungzeit (ms) Theoretische Weite nach Anlaufzeit (m) Nutzungsgrad der 30-m-fliegend (%)
Hocke von vorn (Hochsprung)	Höhe (m) Anlaufzeit (ms) [2,5 m] Anlaufgeschwindigkeit (m/s) Absprungzeit (ms) Abstand der Absprungstelle von der Latte (cm) Theoretische Höhe nach Anlaufzeit (m) Nutzungsgrad der 30-m-fliegend (%)
Fünfersprunglauf (Mehrfachsprung)	Weite (m) Anlaufzeit (ms) [2,5 m] Anlaufgeschwindigkeit (m/s) Absprungzeiten (ms) Flugzeiten (ms) Theoretische Weite nach Anlaufzeit (m) Nutzungsgrad der 30-m-fliegend (%) Teilweiten (m) Teilgeschwindigkeiten (m/s) Sprungdauer (s) Sprunggeschwindigkeit (m/s)

Tab. 26: Inhalte des Meßsportfestes Leichtathletik Sprung

am Hochleistungsbereich) und den Trainingszielen im Nachwuchstraining teilweise abgebaut wird. Meßsportfeste müssen so gestaltet werden, daß jene Sportler siegen, die die Zielstellungen der jeweiligen Trainingsetappe am besten erfüllen, und nicht solche, die aufgrund akzentuierter Entwicklung anderer Leistungsvoraussetzungen (oder auch günstigerer biologischer Voraussetzungen — Frühentwickler) Vorteile haben. Anhand der Kontrolle des Entwicklungsstands elementarer Leistungsvoraussetzungen wird sichtbar, ob die spezielle Leistung auf dieser Grundlage oder durch einen frühzeitigen, nicht gerechtfertigten Einsatz spezieller Trainingsmittel erfolgte.

Am Beispiel eines **Meßsportfestes im leichtathletischen Sprung** (Altersklassen 13 bis 15) zeigt sich dies wie folgt. Anliegen dieses Meßsportfestes ist es, sowohl die Vielseitigkeit innerhalb des Blocks Sprung als auch den Entwicklungsstand der Schnelligkeitsvoraussetzungen und deren Widerspiegelung in den speziellen Leistungen zu erfassen.

Die in Tab. 26 dargestellten Übungen werden von allen Sportlern absolviert.

Pro Trainingsjahr werden zwei Meßsportfeste durchgeführt (Dezember/Januar als Hallenwettkampf und ca. 4 Wochen vor Beginn der Sommer-Wettkampfperiode).

Der Wettkampf beinhaltet den Weitsprung, eine Übung zur Ermittlung des elementaren azyklischen Zeitprogramms (Nieder-Hoch-Sprung), einen Test zur Messung der komplexen Schnelligkeitsvoraussetzung „Sprintschnelligkeit" sowie einen speziellen vertikalen Sprung und einen Mehrfachsprung (Abb. 43).

Die erfaßten Parameter gestatten Aussagen
— zum Ausprägungsgrad der elementaren azyklischen Schnelligkeit;
— zur Widerspiegelung elementarer azyklischer Schnelligkeit in den speziellen Sprungformen und der Wettkampfübung (Stütz- bzw. Absprungzeiten);
— zur Nutzung der maximal möglichen Sprintgeschwindigkeit (30 m fliegend) für die Wettkampfübung und die speziellen Sprungformen;
— zur Effektivität der sportlichen Technik.

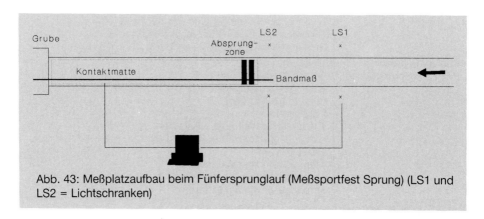

Abb. 43: Meßplatzaufbau beim Fünfersprunglauf (Meßsportfest Sprung) (LS1 und LS2 = Lichtschranken)

Nr.	Name	Sportclub	Weite (m)	Höhe (m)	Sprunglauf (m)	30 m fliegend (s)
8	M., R.	Potsdam	6,25	1,45	18,44	3,28
6	M., H.	Berlin	5,98	1,50	17,54	3,36
9	L., F.	Mainz	5,98	1,20	18,26	3,38
7	M., J.	Magdeburg	5,73	1,40	18,01	3,58
10	Sch., K.	Halle	5,62	1,40	17,44	3,51
3	Sch., G.	Potsdam	5,49	1,35	17,40	3,49
11	Sch., K.	Wolfsburg	5,41	1,45	16,92	3,61
2	B., S.	Frankfurt	5,44	1,40	16,20	3,40
1	H., H.	Leipzig	5,49	1,40	17,02	3,76
5	K., L.	Leverkusen	5,85	1,30	17,72	3,41
4	K., A.	Cottbus	5,30	1,25	15,24	3,55

Tab. 27: Gruppenprotokoll (Gesamtübersicht)

Die ermittelten Meßergebnisse (vgl. Tab. 27 und 28) in den einzelnen Kontrollübungen werden in Punkte umgerechnet, um unterschiedliche Leistungsvoraussetzungen entsprechend ihrer Wertigkeit miteinander vergleichen zu können.

Aus den Ergebnissen können Aussagen über den Entwicklungs- und Nutzungsgrad der Zeitprogrammvoraussetzungen abgeleitet werden, Aussagen zur Effektivität der Technik sind möglich und weitere notwendige Maßnahmen für Training und Diagnostik können bestimmt werden. In folgenden Richtungen sind prinzipielle Aussagen möglich:

● Kein kurzes Zeitprogramm vorhanden. Im Nieder-Hoch-Sprung und in den anderen Sprungformen wird das kurze Zeitprogramm nicht erreicht (Absprungzeiten im Nieder-Hoch-Sprung über 170 ms, im Weitsprung über 120 ms, im Hocksprung über 160 ms und im Sprunglauf über 170 ms). Das spiegelt sich in einem geringen Punktwert und einer schlechten Plazierung in der azyklischen Schnelligkeit wider.

Konsequenz: Training in der Stufe 1 zur Entwicklung kurzer Zeitprogramme als elementares Bewegungsprogramm (z.B. beim Nieder-Hoch-Sprung).

Nr.	Name	Punkte und Plätze										
		Gesamt		Leistung		Sprint		Azykl. S		NG		Theo. L.	
8	M., R.	5595	1	1914	1	3076	1	353	4	224	7	28	3
6	M., H.	5512	2	1848	2	3003	2	432	2	227	6	2	6
9	L., F.	5482	3	1791	4	2966	3	481	1	210	8	34	2
7	M., J.	5334	4	1798	3	2857	7	397	3	247	3	35	1
10	Sch., P.	5256	5	1774	6	2937	4	332	5	255	2	-42	11
3	Sch., G.	5146	6	1677	9	2935	5	318	6	243	4	-27	10
11	Sch., K.	5102	7	1790	5	2838	9	255	7	240	5	-21	8
2	B., S.	4975	8	1653	10	2901	6	244	8	198	9	-21	8
1	H., H.	4946	9	1755	7	2774	10	130	10	268	1	19	4
5	K., L.	4822	10	1729	8	2849	8	68	11	157	11	19	4
4	K., A.	4683	11	1592	11	2725	11	221	9	166	10	-21	8

Tab. 28: Auswertprotokoll (Punkte und Plätze)

● Übertragung der Zeitprogramme vom Nieder-Hoch-Sprung auf die speziellen Testübungen gelingt nicht, einzelne oder alle Testübungen werden im langen Zeitprogramm realisiert, der Nieder-Hoch-Sprung jedoch eindeutig im kurzen Zeitprogramm. Das kann verschiedene Ursachen haben:

1. Die Anlaufgeschwindigkeiten sind zu gering — oftmals sind auch die Nutzungsgrade in diesem Zusammenhang zu niedrig. Die Plazierungen in der zyklischen Schnelligkeit und im Nutzungsgrad sind schlecht, bzw. der Sportler fällt in diesen Parametern bei einzelnen Übungen unter den Teilnehmerdurchschnitt.

   Die niedrigen Anlaufgeschwindigkeiten gestatten keine technische Lösungsvariante, bei der der Absprung schnell und explosiv ausgeführt wird. In der Regel wurde häufig unter den Bedingungen zu niedriger Anlaufgeschwindigkeiten trainiert (kurze Anläufe).

   Konsequenz: Der Anteil der Absprünge aus hohen Anlaufgeschwindigkeiten muß erhöht werden, auch wenn der Sportler damit anfangs Probleme hat. Die Messung der Anlaufgeschwindigkeit im Training ist als sinnvoll anzusehen.

2. Die sporttechnische Lösung ist nicht effektiv, weil das physische Potential nicht umgesetzt wird. Oftmals ist im Zusammenhang damit das Sprungvermögen unzureichend ausgeprägt (vgl. dort). Wenn die Ursache für eine schlechte Umsetzung der elementaren Bewegungsprogramme in einzelnen oder allen Testübungen nicht durch zu geringe Anlaufgeschwindigkeiten erklärbar ist, sollte auf alle Fälle eine genauere Analyse der sportlichen Technik vorgenommen werden (hierauf wird nicht näher eingegangen). Bei einer ineffektiven sporttechnischen Lösung ist die innere Struktur des Absprungs nicht zweckmäßig ausgeprägt, einzelne Elemente der Absprungtechnik sind entweder unzureichend entwickelt oder sind unzweckmäßig in die Gesamtkoordination eingepaßt.

   Konsequenz: Spezielle Maßnahmen des Sprungtechniktrainings (z.B. Imitationsübungen) müssen ergriffen werden. Insgesamt sollte nach Beseitigung wesentlicher technischer Fehler auf alle Fälle der Anteil von Sprüngen aus langen Anläufen erhöht werden (auf über 50 Prozent).

● Das Sprungvermögen ist zu gering. Es werden nur Sprungleistungen erreicht, die unter den theoretischen Leistungen liegen. Das bedeutet, daß die Sportler ihre Anlaufgeschwindigkeit nur unzureichend in das Sprungresultat umsetzen können.

Unter Ausschluß einer ineffektiven technischen Lösungsvariante (vgl. dort) muß davon ausgegangen werden, daß die Sprungkraftvoraussetzungen nicht ausreichend entwickelt sind, bzw. daß im Training zu wenig aus hohen Anlaufgeschwindigkeiten gesprungen wurde.

Konsequenz: Durchführung besonderer diagnostischer Maßnahmen zur Analyse der Sprungkraftvoraussetzungen. Daraus abgeleitet, müssen besondere Maßnahmen des Sprungkrafttrainings ergriffen werden. Es ist sicherzustellen, daß der Anteil der speziellen Techniksprünge aus hohen Anlaufgeschwindigkeiten mehr als 50 Prozent beträgt.

● Die Nutzungsgrade sind in einzelnen oder allen Testübungen zu gering, obwohl die Übertragung der Bewegungsprogramme vom Nieder-Hoch-Sprung auf die Testübungen gelingt.

Geringe Nutzungsgrade können psychische Ursachen haben (Angst oder falsche Bewegungsvorstellungen), können sporttechnisch determiniert sein (meist verbunden mit einem geringen Sprungvermögen (vgl. dort), oder das konditionelle Potential kann nicht in den Absprung eingebracht werden (die im Training entwickelte Sprungkraft kann nicht in den Absprung umgesetzt werden).

Konsequenz: Genauere Diagnostik der Ursachen. Kann das konditionelle Potential nicht optimal umgesetzt werden, dann muß das spezielle Sprungkrafttraining so gestaltet werden, daß hier ebenfalls überwiegend im effektiven Bewegungsprogramm trainiert wird (verstärktes Sprungschnellkrafttraining zu Lasten des Sprungkraftausdauertrainings). Im speziellen Sprungtraining ist der Anteil der Sprünge aus hohen Anlaufgeschwindigkeiten (lange Anläufe) auf über 50 Prozent anzuheben.

Oftmals haben wir es bei den Sportlern mit mehreren dieser Probleme gleichzeitig zu tun, und es stellt sich die Frage, mit welchem Fehler bei der Korrektur begonnen werden soll. Grundsätzlich ist die vorgestellte Stufenfolge (vgl. S. 79 bis 83) einzuhalten. An erster Stelle steht immer die Sicherung des elementaren neuromuskulären Bewegungsprogramms. Ist dieses in Ordnung, muß die Übertragung des Programms in die Wettkampfübung organisiert werden, wobei hier sporttechnische Probleme und unzureichende Anlaufgeschwindigkeiten als Einheit zu betrachten sind. Erst an dritter Stelle sollte sich Problemen des Sprungvermögens bzw. zu geringer Nutzungsgrade zugewandt werden.

Mit solchen diagnostischen Verfahren lassen sich sogenannte Technikfehler wesentlich besser in ihren Ursachen erkennen, als dies durch konventionelle Technikeinschätzungen nach äußeren Kriterien möglich ist. Oftmals bestehen die Ursachen für „Technikfehler" nicht in den falschen Bewegungsvorstellungen, sondern in falsch ausgeprägten grundlegenden Leistungsvoraussetzungen. Die Technikdiagnose (auch für große Sportlergruppen) läßt sich aus diesem Grund effektiv, also einfach und wirkungsvoll, durch die Analyse der Wirksamkeit der Technik gestalten — z.B. durch die Erfassung der Nutzungsgrade wichtiger elementarer oder komplexer Leistungsvoraussetzungen. Es muß nur in jedem Fall genau analysiert werden, worüber der jeweilige Nutzungsgrad Auskunft gibt, über welches Technikkriterium. Beispiele können sein:

— der Nutzungsgrad der maximalen Sprintschnelligkeit für die Anlaufgeschwindigkeiten in den Sprungdisziplinen der Leichtathletik als Ausdruck der Effektivität der Gestaltung der Absprungvorbereitung und des Absprungs;
— der Nutzungsgrad der Anlaufgeschwindigkeit für die Sprungleistung in den Sprungdisziplinen der Leichtathletik als Ausdruck der Effektivität von Absprung und Landevorbereitung;
— die Effektivität der Angleitbewegung (des Anlaufs/der Drehungen) im Kugelstoß (in den Wurfdisziplinen) durch den Vergleich der Leistungen von Standstoß (Standwurf) mit der Gesamtbewegung;
— die Effektivität der Hürdenüberquerung durch Vergleich der Leistungen über eine Sprintstrecke mit und ohne Hürden — Veränderung der Hürdenanzahl bzw. Hürdenabstände zur genaueren Analyse der Fehlerursachen;
— die Nutzung vorhandener elementarer Bewegungsprogramme im Wurf durch den Vergleich der Leistungen mit unterschiedlich schweren Geräten;

Wurden auf diese Weise Technikfehler bzw. ineffektive sporttechnische Lösungsvarianten erkannt, sollten (entsprechend den Möglichkeiten) biomechanische Diagnostikverfahren zur Technikbeurteilung herangezogen werden.

Das individuelle Beispiel des Sportlers R. M. (vgl. Tab. 29) verdeutlicht:
— ein sehr gutes Gesamtvermögen (entsprechendes Punktresultat sowie 1. Platz in der Gesamtwertung);
— sehr gute spezielle Leistungen (Leistungspunkte entsprechen dem 1. Platz nach Leistungen — beste Resultate im Weitsprung und Sprunglauf, Platz 2 in der Hocke);
— ein gutes Sprintvermögen (für die Altersklasse gute Sprintwerte, 1. Platz Sprint — 1. Platz 30 m fliegend);
— eine unzureichende Umsetzung der azyklischen Schnelligkeit (4. Platz azyklisch — sehr guter Nieder-Hoch-Sprung im kurzen Zeitprogramm, aber zu lange Absprungzeiten im Weit- und Hocksprung — langes Zeitprogramm);
— ein gutes Sprungvermögen (theoretische Leistungen sind niedriger als die realisierten, gutes Umsetzen der Anlaufgeschwindigkeiten in Leistung);

Nr. 8	Name: M., R.	Potsdam		5595 Punkte	Platz: 1	
Nieder-Hoch-Sprung	STZ = 130 ms	FLZ = 500 ms		EKA = 1,92		
30 m fliegend	3,28 s = 9,15 m/s					
	Weitsprung		Hocke	Sprunglauf		
Leistungen:	6,15 m		1,45 m	18,44 m		
effektive Weite:	6,25 m	Abst.:	140 cm			
Theor.-Leistungen:	6,03 m		0,00 m	18,25 m		
Anlaufzeit:	580 ms		438 ms	343 ms		
Anlaufgeschwindigkeit:	8,62 m/s		5,71 m/s	7,29 m/s		
Absprungzeiten:	158 ms		192 ms	173 ms		
NG:	94,3 %		62,4 %	79,7 %		
Sprunglauf						
Teilweiten:	3,85 m	3,30 m	3,30 m	3,35 m	4,64 m	
Geschwindigkeiten:	7,50 m/s	7,43 m/s	6,85 m/s	7,13 m/s		
Absprungzeiten:	155 ms	174 ms	176 ms	175 ms	187 ms	
Flugzeiten:	358 ms	270 ms	306 ms	295 ms		
Sprungdauer (1. bis 4. Sprung):			1,91 s			
Durchschnittsgeschwindigkeit (1. bis 4. Sprung):			7,23 m/s			
GESAMTWERTUNG:						
Punkte und Plätze für Leistungen:				1914 Punkte	Platz 1	
Sprint	: 3076 Punkte	Platz 1	Azyklisch	: 353 Punkte	Platz 4	
Sprungvermögen :	28 Punkte	Platz 3	Nutzungsgrad	: 224 Punkte	Platz 7	

Tab. 29: Individuelles Protokoll
Legende:
STZ   = Stützzeit
FLZ   = Flugzeit
EKA   = Effektivitätskoeffizient des Absprungs (vgl. Seite 34)
Abst.   = Abstand Sprungfuß – Lattenebene
Theor.-Leistungen = Leistung, die mit der gemessenen Anlaufgeschwindigkeit hätte erreicht werden müssen

— einen schlechten Nutzungsgrad der Sprintgeschwindigkeit für die Anlaufgeschwindigkeit (Nutzungsgrade liegen unter den Durchschnittswerten der Altersklasse — Platz 7 im Nutzungsgrad — Geschwindigkeit beim Anlauf im Weitsprung beispielsweise um ca. 0,5 m/s niedriger als über 30 m fliegend);

Sportler M. erreicht für seine Altersklasse zwar sehr gute Leistungen, kann sein sehr gutes Schnelligkeitspotential jedoch beim Absprung nur unzureichend nutzen. Mit den von ihm realisierten sehr langen Absprungzeiten ist es dem Sportler nicht möglich, seine ebenfalls sehr guten Sprintvoraussetzungen in den Anlauf-Absprung-Komplex umzusetzen.

Seine Trainingsanalyse zeigt, daß die Ursache für die unzureichende Nutzung der elementaren Schnelligkeit im realisierten speziellen Sprungtraining liegt (ein zu hoher Anteil an Sprüngen mit kurzem Anlauf — vgl. dazu auch S. 69 bis 71).

Aus der Gesamtdiagnose werden folgende Orientierungen gegeben:
— Der Anteil der Sprünge aus langen Anläufen ist zu erhöhen.
— Zur Steigerung der Anlaufgeschwindigkeit sind Zugunterstützungen einzusetzen.
— Zur weiteren Eingrenzung der Ursachen für die extrem langen Absprungzeiten ist eine Technikanalyse durchzuführen.

Tab. 30 zeigt ein Beispiel zur Diagnose azyklischer und zyklischer Schnelligkeitsvoraussetzungen.

Im vorgestellten Programm steht das Erfassen elementarer azyklischer und zyklischer Zeitprogramme sowie die Analyse der komplexen Sprintleistung im Bereich der maximalen Laufgeschwindigkeit im Mittelpunkt. Beim Beintapping-Frequenztest in sitzender Position sind in 6 Sekunden mit beiden Füßen im Wechsel so viele Bodenberührungen wie möglich auszuführen.

Ein guter Ausprägungsstand der elementaren Schnelligkeitsvoraussetzungen ist dann vorhanden, wenn der Quotient aus Tappingfrequenz und Stützzeit beim Nieder-Hoch-Sprung im Bereich von mindestens 75 liegt (vgl. S. 32 bis 33). Die Tappingfrequenz soll mindestens 12 Hz und die Stützzeit beim Nieder-Hoch-Sprung höchstens 170 ms

Kontrollübungen	Parameter
Nieder-Hoch-Sprung aus 40 cm Fallhöhe	Stützzeit (ms) Flugzeit (ms) EKA
60 m-Sprint	Laufzeit (s) 30 m-fliegend-Zeit (s) 30 m-fliegend-Geschwindigkeit (m/s) durchschnittliche Schrittlänge (10 m) durchschnittliche Schrittfrequenz (10 m)
Skipping-Test	Schrittfrequenz über 10 m bei normierter Bewegungsamplitude durch kleine flache Hindernisse auf dem Boden
Beintappingtest	mittlere Frequenz über 6 s

Tab. 30: Inhalte einer Diagnostik elementarer und komplexer zyklischer und azyklischer Schnelligkeitsvoraussetzungen im leichtathletischen Sprint

betragen. Bei einer Tappingfrequenz von 12,5 Hz und einer Stützzeit beim Nieder-Hoch-Sprung von 165 ms beträgt der Schnelligkeitsquotient 75,76.

Schnelligkeitsquotient (SQ) = 12,5 : 165 x 1000= 75,76

Die Umsetzung der grundlegenden Voraussetzungen in die komplexe Leistung kann durch den Vergleich mit der beim Sprinttest realisierten Schrittfrequenz eingeschätzt werden.

Die dargestellten Beispiele sind erste Ansätze zur Vervollkommnung der Schnelligkeitsdiagnose. Ihre Weiterentwicklung ist unumgänglich. Die bisher üblichen Kontrollverfahren müssen durch Verfahren zur Kontrolle elementarer Schnelligkeitsvoraussetzungen erweitert werden. Aus gegenwärtiger Sicht erscheint es sinnvoll, kompatible, für mehrere Sportarten nutzbare Meßplätze aufzubauen. Bedingt durch den hohen Stellenwert der Ausbildung der Schnelligkeit im Nachwuchstraining ist dies besonders für diese Ausbildungsetappe notwendig.

Ausgewählte Literatur

ACKERMANN, P.: Untersuchung zur Entwicklung der Schnelligkeit und Grundlagenausdauer mit speziellen Trainingsmitteln bei Kindern der Altersklasse 9 und 10 im Sportschwimmen. Leipzig, DHfK, Dissertation A 1980.

ALTMANN, A.: Die Entwicklung der Schnelligkeit im Trainingszentrum mit allgemeinen und spezifischen Trainingsmitteln im Kanurennsport. Leipzig, DHfK, Diplomarbeit 1981.

ANDRÄ, W./SEEBURG, R.: Untersuchung zur Sichtung und Auswahl schnelligkeitstalentierter Jungen für die Kurzzeitdisziplinen im Radsport in der 1. Förderstufe. Leipzig, DHfK, Diplomarbeit 1980.

BARTH, B./MÜLLER, F.: Zum Wechselverhältnis von Schnelligkeit und Genauigkeit beim Erlernen und bei der Vervollkommnung technischer Elemente im Fechten. In: Theorie und Praxis des Leistungssports. Berlin 17 (1979), Beiheft 1, 57-66.

BARTSCH, U./SCHILLER, T.: Die Diagnostik des Nutzungsgrades erworbener Leistungsvoraussetzungen im Weitsprung und Ableitung trainingsmethodischer Folgerungen unter Beachtung der Zeitprogrammvoraussetzungen. Leipzig, DHfK, Diplomarbeit 1989.

BASTIAN, M: Grundstandpunkte, untersuchungsmethodische Ansätze und erste Trainingsempfehlungen zur Entwicklung und Vervollkommnung der Handlungsschnelligkeit im Boxen. In: Theorie und Praxis des Leistungssports. Berlin 24 (1986), 6, 56-64.

BASTIAN, M./BRAUSKE, H.-J./RUDOLPH, B.: Zur Entwicklung spezifischer Schnellkraft- und Schnelligkeitsleistungen von Boxsportlern im Aufbautraining. In: Theorie und Praxis des Leistungssports. Berlin 21 (1983), 6, 91-104.

BAUERSFELD, K. H.: Zu einigen Haupttendenzen der internationalen Entwicklung im Leistungssport. Leipzig, DHfK., Vorlesung Trainerfortbildung 1985.

BAUERSFELD, M.: Zu ausgewählten Fragen der Schnelligkeit. Leipzig, DHfK, Ergebnisbericht 1982.

BAUERSFELD, M.: Studie zu ausgewählten Problemen der Schnelligkeit. In: Wissenschaftliche Zeitschrift der DHfK. Leipzig 24 (1983), 3, 45-63.

BAUERSFELD, M.: Zu Ergebniserwartungen eines möglichen Forschungsthemas Schnelligkeit im Nachwuchstraining und deren voraussichtliche Auswirkungen auf die Leistungsentwicklung. Leipzig, DHfK, 1. Ergebnisbericht 1983.

BAUERSFELD, M.: Zur Charakterisierung der Schnelligkeit und erste Ableitungen für die Vervollkommnung des Nachwuchstrainings. Leipzig, DHfK, Dissertation B 1984.

BAUERSFELD, M.: Wissenschaftliche Grundlagen und methodische Lösungen für ein stärker schnelligkeitsorientiertes Nachwuchstraining. Leipzig, DHfK, Ergebnisbericht 1985.

BAUERSFELD, M.: Ausgewählte Probleme und neue Standpunkte zur Schnelligkeit und daraus abgeleitete trainingsmethodische Konsequenzen. In: Theorie und Praxis des Leistungssports. Berlin 24 (1986), 8/9, 155-173.

BAUERSFELD, M.: Ausgewählte Positionen für die Ausbildung der Schnelligkeit im Grundlagentraining. In: Theorie und Praxis des Leistungssports. Berlin 24 (1986), 10, 98-103.

BAUERSFELD, M.: Wissenschaftliche Grundlagen und methodische Lösungen für ein schnelligkeitsorientiertes Nachwuchstraining. Leipzig, DHfK, Interdisziplinärer Fortschrittsbericht 1986.

BAUERSFELD, M.: Methodische Lösungen für ein schnelligkeitsorientiertes Nachwuchstraining. Leipzig, DHfK, Abschlußbericht zum Forschungsthema 1984/88 1988.

BAUERSFELD, M.: Stellenwert und Ausbildungsmöglichkeiten perspektivisch bedeutsamer Strukturelemente der Leistung im Aufbautraining der Schnellkraftsportarten. In: Theorie und Praxis des Leistungssports. Berlin 26 (1988), 7, 46-56.

BAUERSFELD, M.: Charakterisierung der Schnelligkeit und ihre Trainierbarkeit im Prozeß der sportlichen Vervollkommnung. In: Wissenschaftliche Zeitschrift der DHfK. Leipzig 30 (1989),3, 36-48.

BAUERSFELD, M. u. a.: Empfehlungen zur Präzisierung der Rahmentrainingspläne Aufbautraining unter dem Aspekt eines schnelligkeitsorientierten Trainings. Leipzig, DHfK, Trainingsempfehlungen 1983.

BAUERSFELD, M./BAUERSFELD, K. H.: Ausgewählte Probleme und Standpunkte zur Ausbildung der Schnelligkeit im langfristigen Leistungsaufbau. Leipzig, DHfK, Thesen zum zentralen Trainerrat 1985.

BAUERSFELD, M./APELT, G,/RADEMACHER, G.: Charakterisierung von Beziehungen zwischen informationellen und energetischen Voraussetzungen bei Schnellkraftleistungen. Leipzig, DHfK, Forschungsergebnis 1990.

BAUERSFELD, M./FISCHER, G./FRÖHLICH, H.-J./HAUK, C./VOSS, G.: Überlegungen und erste Ergebnisse zur Weiterentwicklung der Leistungsdiagnostik im Aufbautraining in den leichtathletischen Schnellkraftdisziplinen. In: Wissenschaftliche Zeitschrift der DHfK. Leipzig 31 (1990), 2, 231-246.

BAUERSFELD, M./MÜLLER, M./VOSS, G.: Erarbeitung von Übungen zur Ausbildung der Schnelligkeit in der Leichtathletik. Leipzig, DHfK, Ergebnisbericht 1985.

BAUERSFELD, M./VOSS, G.: Zu möglichen Zusammenhängen zwischen Schnelligkeit und Technik einer ausgewählten Schnellkraftübung. Leipzig, DHfK, Ergebnisbericht 1983.

BAUERSFELD, M./VOSS, G./KÖHLER, M./BEHREND, R.: Zu methodischen Lösungen für ein schnelligkeitsorientiertes Techniktraining. Leipzig, DHfK, Ergebnisbericht 1985.

BAUERSFELD, M./WERNER, U.: Zum Frequenzverhalten unterschiedlicher Teilkörper. In: Wissenschaftliche Zeitschrift der DHfK. Leipzig 21 (1980), 3, 25-31.

BECKER, R.: Studie zur Charakterisierung der Bewegungsschnelligkeit im Nachwuchstraining Judo. Leipzig, DHfK, Diplomarbeit 1980.

BECKER, U.: Zur Bedeutung der Reaktionsschnelligkeit als elementare Schnelligkeitsvoraussetzung im Radsport/Sprint. Leipzig, DHfK, Diplomarbeit 1987.

BEHREND, R.: Zur Kennzeichnung der Schnelligkeitsparameter des Absprunges im Dreisprung der Altersklassen 14 und 15 in den Jahren 1985/86. Leipzig, DHfK, Ergebnisbericht 1986.

BEHREND, R.: Methodische Lösungen für ein schnelligkeitsorientiertes Sprungtraining im leichtathletischen Aufbautraining (DG Sprung/Mehrkampf). Leipzig, DHfK, Dissertation A 1988.

BEHREND, R.: Trainingsexperimentelle und Modelluntersuchungen von schnelligkeitsorientierten Sprungübungen im leichtathletischen Aufbautraining der Disziplingruppe Sprung/Mehrkampf. In: Theorie und Praxis des Leistungssports. Berlin 27 (1989), 2, 126-135.

BEHRENDS, U.: Bericht zur Trainingsbeobachtung von Steffka Kostadinova beim ASK-Potsdam vom 11.1. bis 15.1.1988. Leipzig, FKS, Beobachtungsbericht 1988.

BERG, C.: Aufbereitung von Meßergebnissen unter dem Aspekt der Erarbeitung schnelligkeitsorientierter Normative für Eignungs- und Auswahlprozesse im Ringen. Leipzig, DHfK, Diplomarbeit 1987.

BERG, F.: Zur Herausbildung fechterischer Handlungen bei besonderer Berücksichtigung der Handlungsschnelligkeit. Leipzig, DHfK, Diplomarbeit 1987.

BERNSTEIN, N. A.: Bewegungsphysiologie. Leipzig 1988.

BIRNER, M. : Schnelligkeitsorientierte Trainingsgestaltung in der Wettkampfperiode am Beispiel der Oberligamannschaft des Fußballclubs Karl-Marx-Stadt. Leipzig, DHfK, Diplomarbeit 1987.

BLETSCH, D.: Theoretische Grundlagen und methodische Gestaltung des Fußballtennis im Hochleistungstraining (Oberliga) des DFV der DDR. Leipzig, DHfK, Diplomarbeit 1989.

BÖHME, S.: Theoretische Grundlagen und methodische Gestaltung des Fußballtennis in der 1. Förderstufe im DFV der DDR. Leipzig, DHfK, Diplomarbeit 1989.

BÖNISCH, D.: Untersuchungen zur Ermittlung von Schnelligkeitsfähigkeiten in verschiedenen Sportarten der 1. Förderstufe. Leipzig, DHfK, Diplomarbeit 1981.

BOSCO, C./MONTANARI, G./COZZI, M./RIBACCHI, R./GIOVENALI, P./MOSCA, F.: Der Einfluß des Trainings und das mechanische Verhalten und das biologische Profil der Skelettmuskeln von Sportlern. In: Leistungssport. Frankfurt/M. 19 (1989),1, 44-46.

BOTHMISCHEL, E./HALBING, N.: Zur Aussagefähigkeit dynamometrisch gewonnener Kraft-Zeit-Verläufe von Hochsprungabsprüngen. In: Theorie und Praxis des Leistungssports. Berlin 20 (1982), 6, 104-113.

BRASS, H.-J.: Untersuchungen zur Phase der maximalen Geschwindigkeit im Radsport der Alterklassen 14/15. Leipzig, DHfK, Diplomarbeit 1982.

BRÜNGEL, H. : Möglichkeiten und Grenzen bei Untersuchungen von Schnelligkeitsleistungen in fußballsportlichen Wettkämpfen mittels Videotechnik. Leipzig, DHfK, Diplomarbeit 1986.

BRZANK, K.-D./PIEPER, K.-S.: Zur Bedeutung und Ausprägung der muskelzellulären Basis der Schnelligkeit. Leipzig, DHfK, Ergebnisbericht 1985.

BÜCHNER, R.: Zur Schulung schnelligkeitsorientierter Fähigkeiten im Rennschlittensport. Leipzig, DHfK, Diplomarbeit 1986.

BUSCH, A.: Zur Objektivierung fechterischer Handlungen unter besonderer Beachtung der Handlungsschnelligkeit. Leipzig, DHfK, Diplomarbeit 1987.

DEHMEL, R./MÜLLER, J.: Untersuchungen zur Schnelligkeit azyklischer und zyklischer Bewegungen (am Beispiel des Nieder-Hoch-Sprunges und des leichtathletischen Sprintes) und zu Möglichkeiten ihrer Trainierbarkeit. Leipzig, DHfK, Diplomarbeit 1984.

DIECK, K.: Untersuchungen verschiedener Erscheinungsformen zyklischer Schnelligkeitsvoraussetzungen unter dem Aspekt einer Sprintleistungskomponente sowie Ergebnisse gezielter trainingsmethodischer Beeinflussung. Leipzig, DHfK, Diplomarbeit 1989.

DOBERENZ, J./HERRMANN, L.: Zum Zusammenhang der Stützzeit azyklischer Bewegungen zur intermuskulären Koordination ausgewählter Beinmuskeln. Leipzig, DHfK, Diplomarbeit 1984.

DREHMEL, J.: Untersuchung der Belastungskomponenten Umfang und Intensität im Jahresverlauf der Trainingsjahre 70/71, 71/72, 72/73, 73/74 anhand einiger realisierter spezifischer und unspezifischer Trainingsmittel am Beispiel des Dreispringers Drehmel des DVfL der DDR. Leipzig, DHfK, Diplomarbeit 1977.

DÜRING, C.: Untersuchungen zu Schnelligkeitsleistungen von Muskelgruppen ausgewählter Gelenke zur Entwicklung einer Feldmethode für den Bereich Freizeit- und Erholungssport. Leipzig, DHfK, Diplomarbeit 1986.

EHLERT, R.: Untersuchung zur trainingsmethodischen Gestaltung des Schnelligkeits-, Schnelligkeitsausdauer- und Ausdauertrainings bei 400 m-Läufern des Aufbautrainings. Leipzig, DHfK, Diplomarbeit 1987.

EHLERT, R.: Theoretische Begründung und trainingsmethodische Lösung für ein schnelligkeitsorientiertes Grundlagentraining (am Beispiel der Sportart Leichtathletik). Leipzig, DHfK, Dissertation A 1990.

EISMANN, R. : Entwicklung eines Wettkampfanalyseverfahrens zur Erfassung des Zusammenhanges von Schnelligkeitsleistung und technisch-taktischer Handlung im Fußballsport. Leipzig, DHfK, Diplomarbeit 1983.

ERDMANN, K.: Untersuchungen zur Schnelligkeitsentwicklung der Altersklassen 9 und 12 im leichtathletischen Grundlagentraining. Leipzig, DHfK, Dissertation A 1983.

EWALD, T.: Zur neurophysiologischen Charakterisierung der Schnelligkeit/Schnellkraft im Kurzzeitausdauerbereich des Radsportes. Leipzig, DHfK, Diplomarbeit 1987.

FISCHER, A.: Die Bedeutung der Schnelligkeit für die Leistungsfähigkeit des Fußballspielers und die Möglichkeiten ihrer Schulung. Leipzig, DHfK, Diplomarbeit 1981.

FISCHER, G.: Methodische Lösungen zur Ausbildung der Schnelligkeit als elementare Leistungsvoraussetzung für Sprintleistungen im Grundlagentraining der Leichtathletik. Leipzig, DHfK, Dissertation A 1989.

FORKE, B.: Möglichkeiten zur Erfassung allgemeiner Schnelligkeitsfähigkeiten bei Kanurennsportlern. In: Theorie und Praxis des Leistungssports. Berlin 24 (1986), 7, 44-51.

FORKE, B.: Zur Stellung von Schnelligkeitsfähigkeiten und ihre Transformation bei der prognosegerichteten spezifischen Geschwindigkeitsentwicklung während des Aufbau- und Anschlußtrainings weiblicher Kanuten. Leipzig, DHfK, Dissertation A 1986.

FRÖHLICH, H.-J./LENZ, G./HAUK, C.: Ausgewählte Ergebnisse leistungsdiagnostischer Untersuchungen im Aufbautraining der Disziplin Kugelstoß bei Anwendung unterschiedlicher Gerätemassen. In: Training und Wettkampf. Berlin 28 (1990), 1, 86-100.

GREINER, M.: Trainingsmittel und Methoden zur Entwicklung der Schnelligkeitsfähigkeiten im Fußballsport am Beispiel der BSG „Chemie Böhlen". Leipzig, DHfK, Diplomarbeit 1987.

GRENZIUS, P.: Zur Innervationscharakteristik ausgewählter Muskeln unter dem Einfluß eines schnelligkeitsorientierten Sprungtrainings im leichtathletischen Aufbautraining der Disziplingruppe Sprung. Leipzig, DHfK, Diplomarbeit 1988.

GRÜNDLER, A.: Analyse des Sprinttrainings der Springer und Mehrkämpfer der Altersklasse 13-15 in den Jahren 1982-1985 mit Folgerungen für die Optimierung eines Trainingsbereiches. Leipzig, DHfK, Diplomarbeit 1987.

GRUHL, H.: Untersuchung zur Entwicklung der maximalen Trittfrequenz bei 10jährigen Radsportlern durch ein spezielles Trainingsprogramm. Leipzig, DHfK, Diplomarbeit 1989.

GRUHL, V.: Untersuchungen zum Stützzeitverhalten im leichtathletischen Grundlagentraining. Leipzig, DHfK, Belegarbeit 1988.

GRUHL, V./RÖDER, R.: Untersuchungen zur zeitlichen Länge der Aufrechterhaltung der Phase der maximalen lokomotorischen Geschwindigkeit. Leipzig, DHfK, Diplomarbeit 1982.

GÜNTHER, J.: Zur Problematik von struktureller Bestimmung und Einordnung von Schnelligkeits- und Schnellkraftleistungsvoraussetzungen in die 500 m-Eisschnellaufleistung sowie ihrer anforderungsprofilgerechten Widerspiegelung im männlichen Bereich des Aufbautrainings. Leipzig, DHfK, Dissertation A 1989.

GUNDLACH, O.: Zur Charakterisierung und Trainierbarkeit von Zeitprogrammen als Erscheinungsform der Schnelligkeit (am Beispiel des NHS) im Grundlagentraining des Leistungsgerätturnens. Leipzig, DHfK, Dissertation A 1987.

GUNDLACH, O./BAUERSFELD, M.: Experimentelle Erprobung von Übungen zur effektiven Ausbildung der Schnelligkeit bei azyklischen Anforderungen (im Turnen in der Altersklasse 7). Leipzig, DHfK, Ergebnisbericht 1986.

HAHN, F.: Untersuchungen zum schnelligkeitsorientierten Training im Nachwuchsbereich (Altersklassen 13-15 männlich) in den Disziplingruppen der Leichtathletik. Leipzig, DHfK, Diplomarbeit 1985.

HARTMANN, J./KÜHN, J./LEHMANN B.: Zur Objektivierung ringkampfspezifischer Schnelligkeitsleistungen. In: Theorie und Praxis des Leistungssports. Berlin 25 (1987), 10, 51-59.

HASELBACH, M.: Zu Wechselbeziehungen sportlicher Technik und Schnelligkeitsfähigkeit. Leipzig, DHfK, Diplomarbeit 1987.

HAUK, C.: Zur Stabilität und Variabilität individueller Zeitprogramme. Leipzig, DHfK, Diplomarbeit 1988.

HAUK, C.: Kontrollmethoden zur Objektivierung neuromuskulärer Steuer- und Regelmechanismen. Leipzig, DHfK, Literaturstudie 1989.

HAUK, C.: Zum Einsatz voraussetzungsadäquater Geräte im schnelligkeitsorientierten Wurftraining des leichtathletischen Nachwuchsbereiches (Disziplingruppe Wurf/Stoß). Leipzig, DHfK, Dissertation A 1991.

HAUPTMANN, M.: Untersuchungen zur Wirksamkeit eines Trainings mit allgemeinen Körperübungen auf die Bewegungsschnelligkeit. Leipzig, DHfK, Ergebnisbericht 1986.

HAUPTMANN, M.: Der Einfluß von geringen äußeren Widerständen auf das Niveau der Schnelligkeitsfähigkeit und auf die Ausbildung von schnellen Bewegungsleistungen. Leipzig, DHfK, Dissertation A 1990.

HEGNER, F.: Einführung von Programmen für die Schnelligkeitsentwicklung der Altersklasse 14 weiblich für das Handballspiel. Leipzig, DHfK, Diplomarbeit 1984.

HEIDRICH, F.: Untersuchungen zur Auswahl und Eignungsbeurteilung von schnelligkeitstalentierten Sportlern beim Übergang von der 1. zur 2. Förderstufe anhand von Testleistungen bei der KJS-Überprüfung. Leipzig, DHfK, Diplomarbeit 1983.

HEINZ, M.: Möglichkeiten der Objektivierung der Komponenten der Handlungsschnelligkeit im Ringen. Leipzig, DHfK, Diplomarbeit 1986.

HEISSIG, A./REGNER, R.: Untersuchungen über das Frequenzverhalten bei Extremitäten bei maximal schnellen zyklischen Bewegungen in verschiedenen Altersgruppen. Leipzig, DHfK, Diplomarbeit 1982.

HENKE, S.: Zum Zusammenhang zwischen Schnelligkeit in Schnellkraftbewegungen und ausgewählten Körperbaumerkmalen sowie dem Einfluß der Körperbaumerkmale auf die Trainierbarkeit der Schnelligkeit im Nachwuchstraining. Leipzig, DHfK, Diplomarbeit 1986.

HENNIGER, G.: Ansätze und methodische Lösungen für ein schnelligkeitsorientiertes Grundlagentraining in der Leichtathletik. Leipzig, DHfK, Diplomarbeit 1986.

HERRMANN, U.: Kennzeichnung eines Testverfahrens zur Überprüfung des spezifischen Vollzugsmerkmals „Handlungspräzision" und „Handlungsschnelligkeit" im Wurfbereich. Leipzig, DHfK, Diplomarbeit 1987.

HERZOG, H.: Analyse schnelligkeitsorientierter Trainingsmittel in den Zweikampfsportarten und Ableitung trainingsmethodischer Möglichkeiten für die schnelligkeitsorientierte Grundausbildung im Ringen. Leipzig, DHfK, Diplomarbeit 1987.

HERZOG, S.: Untersuchungen zur Beeinflussung der Schnelligkeitsleistung im leichtathletischen Grundlagentraining der Altersklassen 10/11 und Ableitung trainingsmethodischer Schlußfolgerungen. Leipzig, DHfK, Diplomarbeit 1984.

HILSCHER, T.: Erarbeitung und Erprobung von Ausbildungsprogrammen zur Erhöhung der Handlungsschnelligkeit im Aufbautraining der Sportart Boxen. Leipzig, DHfK, Diplomarbeit 1986.

HILSE, K.: Untersuchungen zur effektiven Ausbildung der Schnelligkeitsfähigkeit durch den Einsatz akustischer Signalgeber am Beispiel des leichtathletischen Sprintes im Grundlagentraining. Leipzig, DHfK, Diplomarbeit 1987.

HOFFMANN, K.: Untersuchungen zur Präzisions- und Schnelligkeitsleistung sowie ihrer Merkmale an ausgewählten Techniken des Ringkampfes mit Hilfe der kinematischen Methode der Filmaufnahme. Leipzig, DHfK, Diplomarbeit 1984.

HOLKE, L.: Schnelligkeitsentwicklung des Fußballspielers durch Spielformen in der 1. Förderstufe. Leipzig, DHfK, Diplomarbeit 1984.

JANSEN, J. P.: Gedächtnispsychologische Aspekte der Ansteuerung motorischer Techniken. In: Leistungssport. Frankfurt/M. 13 (1983), 5, 13-19.

JUNKER, D.: Trainingsmittelanalyse Radsport-Sprintdisziplinen. Leipzig, DHfK, Forschungsergebnis 1982.

JUNKER, D.: Zum optimalen Verhältnis zwischen Belastung und Erholung im Schnelligkeitstraining des Bahnradsprintes. Leipzig, DHfK, Ergebnisbericht 1985.

JUNKER, D.: Strukturierung und Differenzierung der Schnelligkeit im Radsport (Sprintdisziplinen) und Ableitung trainingsmethodischer Orientierungen. Leipzig, DHfK, Forschungsergebnis 1987.

KALISCH, M.: Analyse der KLD-Ergebnisse des Kurzzeitbereiches Sprint des Bahnradsportes des DRSV der DDR für den Zeitraum vom 1.9.84 - 31.8.86. Leipzig, DHfK, Diplomarbeit 1987.

KIRCHGÄSSNER, H./BASTIAN, M.: Zur Ausbildung der Handlungsschnelligkeit in den Zweikampfsportarten — dargestellt in der Sportart Boxen (Nachwuchstraining). In: Theorie und Praxis der Körperkultur. Berlin 33 (1984), 2, 92-96.

KIRCHGÄSSNER, H./BRAUSKE, H.-J./SCHLIMPER, L.: Ergebnisse und Erkenntnisse zur Entwicklung spezifischer Schnelligkeitsleistungen im Aufbautraining Boxen. In: Theorie und Praxis des Leistungssports. Berlin 24 (1986), 8/9, 199-212.

KIRSCHE, B./KRAUSPE, D.: Theoretische Position und praktisches Vorgehen bei der Durchsetzung der schnelligkeitsorientierten Trainingsgestaltung im Fußball. In: Theorie und Praxis des Leistungssports. Berlin 22 (1984), 7/8, 190-200.

KLEIN, U.: Untersuchungen zur Wirksamkeit ausgewählter Kampfhandlungen im Ringen unter dem Aspekt der Schnelligkeit. Leipzig, DHfK, Diplomarbeit 1985.

KLUTH, E.: Die Erarbeitung und Erprobung von Ausbildungsprogrammen zur Entwicklung der Schnelligkeitsfähigkeiten durch allgemeine zielgerichtete Körperübungen im Aufbautraining der Sportart Boxen. Leipzig, DHfK, Diplomarbeit 1983.

KÖHLER, M.: Bedeutung der Entwicklungsmöglichkeiten der Frequenzfähigkeit im Eisschnellauf (Grundlagentraining). Leipzig, DHfK, Diplomarbeit 1983.

KÖHLER, M./BAUERSFELD, M.: Erprobung von Übungen zur effektiven Ausbildung der Schnelligkeit bei zyklischen Anforderungen im Eisschnellauf im Grundlagentraining. Leipzig, DHfK, Ergebnisbericht 1986.

KOHDE, P.: Die schnelligkeitsorientierte Ausbildung in der 2. Förderstufe im Fußballsport. Leipzig, DHfK, Diplomarbeit 1986.

KRAUSPE, D.: Ergebnisse aus Trainingsexperimenten zur Erhöhung der Effektivität der technisch-taktischen Ausbildung im Anschlußbereich bei vorrangiger Beachtung des Angriffsspiels und des schnelligkeitsorientierten Trainings im Fußballsport. In: Sportspiele 84. Konferenzberichte. Leipzig, DHfK, 1985, 12-37.

KRAUSPE, D./KIRSCHE, B./ZEMPEL, U./WALES, D.: Untersuchungen zur Steigerung der technisch-taktischen Leistung durch schnelligkeitsorientiertes Training im Fußball. Leipzig, DHfK, Ergebnisbericht 1985.

KREUTZMANN, K./ZACHERT, F.: Zur Ausbildung kurzer Zeitprogramme (als ein Ausdruck der Schnelligkeit) beim Nieder-Hoch-Sprung unter Nutzung der Elektromyostimulation sowie zu deren Widerspiegelung in speziellen Sprungformen der Leichtathletik und dem Einfluß auf die Nutzung der Kraftvoraussetzungen. Leipzig, DHfK, Diplomarbeit 1989.

KREUZ, J.: Untersuchung zur Sichtung und Auswahl im Radsport unter dem Gesichtspunkt der Bedeutung der Grundschnelligkeit anhand von Tretfrequenzuntersuchungen auf dem Ergometer in der 1. Förderstufe. Leipzig, DHfK, Diplomarbeit 1980.

KRIEGS, B.: Belastungs- und Leistungsentwicklung der Sprinter im Bahnradsport im Übergang vom Nachwuchs- zum Hochleistungsbereich. Leipzig, DHfK, Diplomarbeit 1983.

KRÜGER, K.: Die Bedeutung der Schnelligkeit für die Leistungsfähigkeit des Fußballspielers und Möglichkeiten ihrer Schulung. Leipzig, DHfK, Diplomarbeit 1983.

KRÜGER, Th./HIRSCH, M.: Erarbeitung und Erprobung von methodischen Lösungen für eine schnelligkeitsorientierte Technikausbildung im Eisschnellauf (Grundlagentraining). Leipzig, DHfK, Diplomarbeit 1987.

KRUPA, W.: Vergleichende Betrachtung der Läufe im Sprintbereich im Verhältnis Training/ Wettkampf bei Spielern des 1. FC Union Berlin und trainingsmethodische Schlußfolgerungen für verschiedene Positionsgruppen. Leipzig, DHfK, Diplomarbeit 1983.

KÜCHLER, G.: Motorik — Steuerung der Muskeltätigkeit und begleitende Anpassungsprozesse. Leipzig 1983.

KÜHL, L.: Zur Entwicklung leistungsbestimmender Faktoren im langfristigen Leistungsaufbau in den Wurf-/Stoßsportarten. Dargestellt am Beispiel des langfristigen Leistungsaufbaus der Sportlerin Ilona Slupianek unter besonderer Beachtung des leistungsbestimmenden Faktors Kondition. Leipzig, DHfK, Diplomarbeit 1982.

KÜHN, J.: Theoretische und trainingsmethodische Ausgangspositionen für Untersuchungen zur Handlungsschnelligkeit im Aufbautraining des Ringkampfsports. In: Theorie und Praxis des Leistungssports. Berlin 25 (1987), 1, 18-28.

KÜHN, J./CZECH, G./JÜRGENS, D./LEHMANN, B.: Studie zum Forschungsgegenstand Handlungsschnelligkeit. Leipzig, DHfK, Forschungsergebnis 1985.

KÜHN, J./LEHMANN, B.: Ausgewählte Ergebnisse eines Trainingsexperimentes zur Entwicklung der Handlungsschnelligkeit bei 15jährigen Ringern. In: Theorie und Praxis des Leistungssports. Berlin 27 (1989), 1, 70-77.

KÜLSKE, F.-P.: Vergleichende Betrachtung der Entwicklung der Laufschnelligkeit im Weitsprung und Kurzsprint im Verlaufe eines Trainingsjahres. Leipzig, DHfK, Diplomarbeit 1988.

KUMMISCH, M.: Untersuchungen zu zeitlich-rhythmischen Führungsgrößen des Hürdenlaufes sowie trainingsmethodischen Ableitungen für das Nachwuchstraining. Leipzig, DHfK, Diplomarbeit 1989.

LAMMEL, M.: Untersuchung zur Entwicklung der Schnelligkeit bei jungen Fußballspielern der Altersklasse 8-12 im Trainingszentrum. Leipzig, DHfK, Diplomarbeit 1980.

LEHMANN, B.: Weiterentwicklung der Methodik zur Objektivierung der kognitiven Komponente der Handlungsschnelligkeit unter Laborbedingungen. Leipzig, DHfK, Forschungsergebnis 1987.

LEHMANN, B.: Trainingsmethodische Anleitung zur Entwicklung der Handlungsschnelligkeit im Ringen. Leipzig, DHfK, Diplomarbeit 1988.

LEHMANN, B.: Untersuchungen zur Entwicklung der Handlungsschnelligkeit in der Sportart Ringen. Leipzig, DHfK, Dissertation A 1989.

LEHMANN, F.: Zur trainingsmethodischen Effektivierung des Beschleunigungs- und Schnelligkeitstrainings in den Altersklassen 13-15 der Disziplingruppe Sprint/Hürden. Leipzig, DHfK, Diplomarbeit 1982.

LEHMANN, F./FISCHER, G.: Erarbeitung und Modifizierung von Kontrollverfahren zur Diagnostik azyklischer und zyklischer sprintspezifischer Schnelligkeitsvorausetzungen. Leipzig, DHfK, Ergebnisbericht 1989.

LEHNERT, K./WEBER, J.: Untersuchungen der motorischen Nervenleitgeschwindigkeit (NLG) des nervus ulnaris an Sportlern. In: Medizin und Sport XV (1975), 1, 10-14.

LIEBSCH, P.: Zur Ausbildung der lokomotorischen Schnelligkeit im Grundlagentraining. Leipzig, DHfK, Diplomarbeit 1987.

LIZON, M.: Bewegungsfrequenz — eine Komponente der Schnelligkeit. Leipzig, DHfK, Diplomarbeit 1984.

LOHMANN, W./VOSS, G.: Zur Erhöhung des Wirkungsgrades des Trainings in den leichtathletischen Sprungdisziplinen unter dem Aspekt der Erhöhung des Nutzungsgrades erworbener Leistungsvoraussetzungen sowie der technischen Vorbereitung auf die Spezialdisziplin. Leipzig, DHfK, Ergebnisbericht 1987.

MACHON, H.-J.: Untersuchungen zur Entwicklung der Bewegungsschnelligkeit im Aufbautraining des klassischen Ringkampfes. Leipzig, DHfK, Diplomarbeit 1983.

MAY, R.: Untersuchungen über Zusammenhänge der Schrittfrequenz, der Stützdauer und der Schnelligkeit beim Lauf. Leipzig, DHfK, Diplomarbeit 1980.

MEINKE, B.: Theoretische Positionen und Prinzipien sowie praktische Erfahrungen zum schnelligkeitsorientierten Training und Darstellung ausgewählter Mittel und Methoden in der Altersklasse 14 des DFV der DDR. Leipzig, DHfK, Diplomarbeit 1986.

MEYER, S./NARVELEIT, E.: Zum Verhalten von Zeitprogrammen bei Ausdaueranforderungen. Leipzig, DHfK, Diplomarbeit 1986.

MOMMERT, M.: Untersuchungen zur Verbesserung des Niveaus der Handlungsschnelligkeit im Aufbautraining der Sportart Boxen, dargestellt am Beispiel der Altersklasse 15 des SC Traktor Schwerin im Trainingsjahr 1986/87. Leipzig, DHfK, Diplomarbeit 1987.

MOSER, S.: Zur Widerspiegelung ausgewählter konditioneller und nervaler Leistungsvoraussetzungen in der speziellen Kugelstoßleistung. Leipzig, DHfK, Diplomarbeit 1989.

MÜLLER, F.-J.: Untersuchungen zum Zusammenhang von Bewegungsschnelligkeit und Bewegungspräzision bei der Herausbildung motorischer Fertigkeiten in der Sportart Fechten. Leipzig, DHfK, Dissertation A 1980.

MÜLLER, J.: Zu Beziehungen zwischen Schnelligkeit bei azyklischen und zyklischen Handlungen und Ableitung methodischer Konsequenzen für die Ausbildung und Eignungsbeurteilung. Leipzig, DHfK, Ergebnisbericht 1986.

MÜLLER, J.: Zum schnelligkeitskennzeichnenden Zeitprogramm und seiner Widerspiegelung in azyklischen und zyklischen Schnellkraftbewegungen unter dem Gesichtspunkt der Bestimmung von Transferenzen für eine verbesserte Eignungsbeurteilung in der Leichtathletik. Leipzig, DHfK, Forschungsbericht 1988.

MÜLLER, J./BAUERSFELD, M.: Zu Beziehungen zwischen Zeitprogrammen azyklischer und zyklischer Schnellkraftbewegungen. Leipzig, DHfK, Ergebnisbericht 1985.

MÜLLER, J./BAUERSFELD, M.: Zur Bedeutung der Übungsanweisung bei Bewegungen mit hohen Schnelligkeitsanforderungen. Leipzig, DHfK, Ergebnisbericht 1990.

MÜLLER, S.: Analyse der Schnelligkeitsleistungen im Wettkampf im Männerbereich und trainingsmethodische Schlußfolgerungen für den Fußballsport. Leipzig, DHfK, Diplomarbeit 1988.

NDJILI, P.: Zur Entwicklung der Schnelligkeitsfähigkeiten im Fußballtraining. Leipzig, DHfK, Diplomarbeit 1989.

NEGRASZUS, U.: Untersuchungen zur Entwicklung wettkampfwirksamer Schnelligkeitsfähigkeiten im Aufbautraining der Sportart Boxen. Leipzig, DHfK, Diplomarbeit 1986.

NEILING, B./SPLITT, S.: Ergebnisse experimenteller Untersuchungen eines auf Schnelligkeit orientierten Trainings in der technisch-taktischen Handballausbildung im Aufbautraining. In: Theorie und Praxis des Leistungssports. Berlin 24 (1986), 8/9, 190-198.

NEUHOFF, S.: Beziehungen zwischen schnelligkeits- und schnellkraftorientiertem Training zur rennschlittenspezifischen Wettkampfleistung im Grundlagentraining. Leipzig, DHfK, Diplomarbeit 1988.

NETZER, K.: Analyse des Erkenntnisstandes zum Schnelligkeitstraining. Leipzig, DHfK, Diplomarbeit 1982.

NOAK, D.: Spezielle Schnelligkeitsentwicklung eines Verteidigers im Fußball. Leipzig, DHfK, Diplomarbeit 1985.

NOAK, J.: Der Einfluß des Trainingsalters auf den Ausprägungsgrad schnelligkeitsbestimmender Leistungsvoraussetzungen im Fechten. Leipzig, DHfK, Diplomarbeit 1988.

OBENAUF, M.: Untersuchungen zum Schnellkraft- und Schnelligkeitstraining im Aufbautraining und im Übergang zum Anschlußtraining der Sportart Boxen. Leipzig, DHfK, Diplomarbeit 1984.

OBERENDER, D./OHA, B.: Untersuchung zum Einfluß biomechanischer Parameter sowie körpergewichtsentlastender Trainingsmittel auf die Schnelligkeit. Leipzig, DHfK, Diplomarbeit 1986.

OTTO, H.: Objektivierung und Methodik von Basisfertigkeiten: dargestellt am Beispiel der „Aufschwungbewegung aus dem Kipphang" am Barren. Leipzig, DHfK, Dissertation A 1986.

PETTERS, C.: Untersuchungen zur Ausbildung der lokomotorischen Schnelligkeit mit Hilfe eines akustischen Signalgebers im leichtathletischen Grundlagentraining. Leipzig, DHfK, Diplomarbeit 1989.

PETZOLD, H.-P.: Untersuchungen zur allgemeinen Schnelligkeitsentwicklung im Grundlagentraining der Sportart Boxen — auf der Grundlage der Erprobung neuer Ausbildungsstandards. Leipzig, DHfK, Diplomarbeit 1982.

PEUKER, T.: Vergleichende Analyse schnelligkeitsorientierter Trainingsmittel in den Zweikampfsportarten Ringen und Judo und Untersuchung ausgewählter schnelligkeitsorientierter Trainingsmittel des Aufbautrainings auf eine individuelle Auslegung. Leipzig, DHfK, Diplomarbeit 1987.

PIEPENHAGEN, U./ZECH, M.: Zur näheren Kennzeichnung der Schnelligkeit in der Leichtathletik unter eignungsdiagnostischer Sicht. Leipzig, DHfK, Diplomarbeit 1989.

PIEPER, K.-S./BÄHR, B./BRZANK, K.-D./BAUERSFELD, M./ RIEPENHAUSEN, U.: Analyse der stabilen Leistungsvoraussetzungen sowie der Wirksamkeit des Trainings im 1. und zu Beginn des 2. Periodenzyklus bei Kadern der Nationalmannschaft Volleyball (muskelbioptische Untersuchungen am M. vastus lateralis im Rahmen der SBS-Forschung). Leipzig, DHfK, Forschungsbericht 1986.

PÖTZSCH, R.: Untersuchung zur effektiveren Herausbildung fechtspezifischer Bewegungsfertigkeiten unter dem Gesichtspunkt der Wiederholungszahlen bei Berücksichtigung der Problematik Bewegungsschnelligkeit und -präzison. Leipzig, DHfK, Diplomarbeit 1982.

POSER, S.: Die Wirksamkeit von intensiven Schnellkraftsprüngen mit geringem Umfang auf die Entwicklung der Sprungkraft im Grundlagentraining (AK 10). Leipzig, DHfK, Diplomarbeit 1984.

PÜSCHEL, I.: Zur trainingsmethodischen Effektivierung des Beschleunigungs- und Schnelligkeitstrainings im Bereich der Altersklassen 14/15 männlich der Disziplingruppe Sprint/Hürden des DVfL der DDR. Diplomarbeit 1987.

RADEMACHER, G./KUPPART, H./LATHAN, H.-H.: Die Wirkung verschiedener Anwendungsvarianten der Elektromyostimulation auf die Entwicklung der Maximalkraftfähigkeit bei zusätzlichem Einsatz im Maximalkrafttraining. In: Theorie und Praxis des Leistungssports. Berlin 16 (1978), Beiheft 6, 104-116.

REDLICH, R.: Die Analyse des Aufbaus von Mikrozyklen im TZ-Training im Judo (7. Klasse) unter besonderer Sicht der Herausbildung der Schnelligkeit. Leipzig, DHfK, Diplomarbeit 1987.

REICHE, H.: Untersuchungen zu Zusammenhängen zwischen Bewegungsfrequenz, maximaler Geschwindigkeit und Reaktionsschnelligkeit im Sport und ihre Bedeutung für die Schnelligkeitsfähigkeit. Leipzig, DHfK, Diplomarbeit 1980.

REICHEL, M.: Untersuchungen zur Objektivierung der Wettkampfwirksamkeit einer auf Schnelligkeit und Schnellkraft orientierten Ausbildung bei Boxsportlern in der Etappe des Aufbautraining.

REISSMÜLLER, K.-H.: Untersuchungen über den Einsatz unterschiedlicher Wettkampfgeräte sowie spezieller Geräte beim Hammerwurf im Jahres- und Mehrjahresaufbau. Leipzig, DHfK, Diplomarbeit 1982.

RICHTER, V.: Die Leistungsentwicklung der Sportler der Altersklassen 11, 12 und 13 und der sich daraus ergebenden Schlußfolgerungen für die schwerpunktmäßige Ausbildung der Eigenschaften Schnelligkeit und Kraft. Leipzig, DHfK, Diplomarbeit 1981.

RIEDEL, D.: Erfahrungen und Ergebnisse bei der Ausbildung der Schnelligkeit unter dem Aspekt des akzentuierten Trainings und deren Auswirkungen auf das Konterspiel im Aufbautraining der Altersklasse 14 (männl.). Leipzig, DHfK, Diplomarbeit 1983.

ROSS, O.: Erfahrungen und Ergebnisse bei der Durchsetzung des schnelligkeitsorientierten Trainings mit der Juniorenmannschaft der BSG „Glückauf" Sondershausen. Leipzig, DHfK, Diplomarbeit 1984.

ROSSICK, S.: Zur Entwicklung und Beeinflußbarkeit ausgewählter Komponenten der Schnelligkeitsfähigkeiten zwischen 9. und 12. Lebensjahr. Leipzig, DHfK, Diplomarbeit 1983.

ROTTENAU, H.: Erarbeitung und Erprobung von Trainingsprogrammen zur Erhöhung des Niveaus der Handlungsschnelligkeit im Aufbautraining der Sportart Boxen. Leipzig, DHfK, Diplomarbeit 1988.

RUBER, A.: Theoretische Überlegung zur Entwicklung konditioneller Fähigkeiten im Fußballsport unter besonderer Berücksichtigung des Wechselverhältnisses von Ausdauer und Schnelligkeit. Leipzig, DHfK, Diplomarbeit 1988.

RUDAT, G.: Untersuchungen zur Gestaltung des Schnellkraft- und Schnelligkeitstrainings im Aufbautraining in der Sportart Boxen unter dem Aspekt der Erhöhung der Wirksamkeit technisch-taktischer Handlungen. Leipzig, DHfK, Diplomarbeit 1984.

RUDOLPH, H.: Zur individuellen technisch-taktischen Ausbildung im Grundlagentraining bei Berücksichtigung von Besonderheiten des sportmotorischen Lernprozesses unter der Sicht des schnelligkeitsorientierten Charakters im Fußballsport. Leipzig, DHfK, Diplomarbeit 1986.

SASSE, G.: Untersuchungen zur Entwicklung konditioneller Fähigkeiten im Grundlagentraining Boxen bei besonderer Berücksichtigung der Schnelligkeitsfähigkeiten. Leipzig, DHfK, Diplomarbeit 1986.

SCHÄBITZ, S./JÖDICKE, J.: Leistungsdiagnostische Untersuchungen zur Objektivierung leistungsbestimmender elementarer Schnelligkeitsfähigkeiten sowie experimentelle Untersuchungen zum Einsatz neuer Trainingsmittel und -methoden in den Kurzzeitausdauerdisziplinen des DRSV unter dem Aspekt der Steigerung der Schnelligkeitsleistung. Leipzig, DHfK, Diplomarbeit 1987.

SCHÄFER, C.: Die Ausprägung der Handlungsschnelligkeit von Ringern verschiedener Altersbereiche in Abhängigkeit von der Kompliziertheit der technisch-taktischen Handlungen. Leipzig, DHfK, Diplomarbeit 1988.

SCHELLENBERGER, H.: Untersuchung der Handlungsschnelligkeit von Fußballspielern. In: Theorie und Praxis des Leistungssports. Berlin 23 (1985), 8, 42-49.

SCHIERACK, M.: Ergebnisse und Erkenntnisse zum Einsatz des nichtschlagenden fahrbaren Boxroboters im Grundlagentraining des DBV der DDR bei besonderer Berücksichtigung der Ausprägung der komplexen sportartspezifischen Handlungsschnelligkeit. Leipzig, DHfK, Diplomarbeit 1987.

SCHLIMPER, L.: Untersuchungen zur Objektivierung und Entwicklung der Handlungsschnelligkeit. Leipzig, DHfK, Dissertation A 1989.

SCHMALFUSS, K.: Analyse der Leistungsentwicklung von Kurzzeitkadern im SC Karl-Marx-Stadt der Einschulungsjahrgänge 1980-1985 in die Förderstufe II des DRSV der DDR anhand ausgewählter Jahrgänge 1981 und 83. Leipzig, DHfK, Diplomarbeit 1988.

SCHMIDTBLEICHER, D./GOLLHOFER, A.: Neuromuskuläre Untersuchungen zur Bestimmung individueller Belastungsgrößen für ein Tiefsprungtraining. In: Leistungssport. Frankfurt/M. 12 (1982), 4, 298-307.

SCHNEIDER, W.: Erarbeitung eines Trainingsmittelkataloges zur akzentuierten Ausbildung und Entwicklung der Handlungsschnelligkeit im Judo für die Etappe des Aufbautrainings. Leipzig, DHfK, Diplomarbeit 1984.

SCHOBER, H.: Zur Erfassung von Trainings- und Belastungswirkungen auf das neuromuskuläre System. In: Wissenschaftliche Zeitschrift der DHfK. Leipzig 26 (1986), 3, 95-108.

SCHOLICH, M.: Positionen und Empfehlungen zur Durchsetzung eines schnelligkeits- und geschwindigkeitsorientierten Aufbautrainings aus der Sicht der Ausdauersportarten. In: Theorie und Praxis des Leistungssports. Berlin 24 (1986), 8/9, 213-230.

SCHROCK, M./STOLZ, E.: Untersuchungen zur zeitlichen Länge der Aufrechterhaltung der Phase einer maximalen Geschwindigkeit. Leipzig, DHfK, Diplomarbeit 1980.

SIEGFRIED, A.: Untersuchungen zum schnelligkeitsorientierten Training im Nachwuchsbereich (Altersklasse 13-15) in den Disziplingruppen der Leichtathletik. Leipzig, DHfK, Diplomarbeit 1985.

STARK, G.: Zur weiteren Erschließung des Faktors Sporttechnik und zur Erhöhung der Wirksamkeit des sporttechnischen Trainings in Vorbereitung auf die Wettkampfhöhepunkte bis 1988. In: Theorie und Praxis Leistungssport. Berlin 24 (1986), 3, 6-34.

STEIN, G.: Biomechanische Kennzeichnung zweckentsprechender Trainingsübungen zur Ausbildung kurzer Zeitprogramme bei schnelligkeitsorientierten Brems-Streck-Bewegungen. Leipzig, DHfK, Ergebnisbericht 1986.

STERZEL, H.: Schnelligkeitsentwicklung des Fußballspielers durch Spielformen in der 1. Förderstufe. Leipzig, DHfK, Diplomarbeit 1984.

THÜRER, M.: Zu einigen Problemen der Gestaltung des Schnelligkeitstrainings in der Etappe des Aufbautrainings in der Disziplingruppe Lauf/Gehen auf der Grundlage ausgewählter Athleten der Altersklassen 13-15. Leipzig, DHfK, Diplomarbeit 1985.

TIHANYI, J./APOR, P./FEKETE, G.: Zusammenhang zwischen ausgewählten Absprungmerkmalen und der Faserzusammensetzung der Oberschenkel- und Wadenmuskulatur. In: Leistungssport. Frankfurt/M. 13 (1983), 4, 49-53.

TIPPELT, U.: Zur Objektivierung spielspezifischer Anforderungen des Blockierens in Abhängigkeit von der Schnelligkeit und Variabilität der Angriffsgestaltung im Herrenvolleyball. Leipzig, DHfK, Diplomarbeit 1987.

TREPTE, H./GRUHL, V.: Untersuchungen zur Stabilität bzw. Variabilität der Stützzeiten während einer Trainingseinheit bei zyklischen (Lauf) und azyklischen (Sprung) Anforderungen. Leipzig, DHfK, Ergebnisbericht 1986.

VIITASALO, J. T./KOMI, P. V.: Interrelationships between electromyographic, mechanical, muscle structure and reflex time measurements in man. In: Acta Physiolgica Scandinavica. Stockholm 11 (1981), 9, 97-103.

VLAY, J.: Zusammenstellung von Spielformen zur Verbesserung der Schnelligkeit für die einzelnen Förderstufen. Leipzig, DHfK, Diplomarbeit 1986.

VOGLER, B.: Die Bedeutung der Zeitstruktur von Bewegungen. In: Motorik und Bewegungsforschung. Band 2. Köln 1984, 59-65.

VOIGT, J.: Analyse der im leichtathletischen Aufbautraining zum Einsatz kommenden sportmotorischen Testübungen zur Entwicklung der Sprintleistung im Jahresverlauf sowie erste Ergebnisse von Alternativvarianten. Leipzig, DHfK, Diplomarbeit 1989.

VOSS, G.: Untersuchungen zur Stützzeit beim Sprint im Vorschulalter. Leipzig, DHfK, Diplomarbeit 1982.

VOSS, G.: Wechselbeziehungen zwischen Schnelligkeit und ausgewählten anderen Leistungsvoraussetzungen bei azyklischen Schnellkraftbewegungen und Möglichkeiten der Trainierbarkeit der Schnelligkeit. Leipzig, DHfK, Dissertation A 1985.

VOSS, G.: Zur Bedeutung ausgewählter Körperbauvoraussetzungen bei der Ausbildung der Schnelligkeit. Leipzig, DHfK, Ergebnisbericht 1985.

VOSS, G.: Erste theoretische und untersuchungsmethodische Ansätze zur Erhöhung des Auslastungsgrades physischer Potenzen im leichtathletischen Sprung im Aufbautraining. Leipzig, DHfK, Forschungsbericht 1986.

VOSS, G.: Untersuchungen zur Erhöhung des Wirkungsgrades des Trainings in den leichtathletischen Sprungdisziplinen unter dem Aspekt der Entwicklung von Leistungsvoraussetzungen bzw. der Erhöhung des Nutzungsgrades erworbener Leistungsvoraussetzungen. Leipzig, DHfK, Ergebnisbericht 1988.

VOSS, G.: Ein neuer konzeptioneller Ansatz zur Erhöhung des Nutzungsgrades vorhandener und erworbener Leistungsvoraussetzungen in der Wettkampfleistung (dargestellt am Beispiel des leichtathletischen Sprunges). In: Theorie und Praxis des Leistungssportes. Berlin 27 (1989), 7, 78-88.

VOSS, G.: Experimentelle Überprüfung methodischer Lösungen für die Ausbildung neuromuskulärer Leistungsvoraussetzungen im Voraussetzungstraining sowie deren Ausbildung und Nutzung im Technik- und Konditionstraining. Leipzig, DHfK, Ergebnisbericht 1989.

VOSS, G.: Zu methodischen Möglichkeiten der Entwicklung der Schnelligkeit in Form neuromuskulärer Steuer-und Regelmechanismen in Schnellkraftsportarten. Leipzig, DHfK, Dissertation B 1989.

VOSS, G.: Einsatz der Elektromyostimulation zur Ausbildung elementarer Bewegungsprogramme. Leipzig, DHfK, Forschungsergebnis 1990.

VOSS, G.: Meßsportfest und Leistungsdiagnostik — Ein Block-Mehrkampf für das Nachwuchstraining im Sprungbereich. In: Lehre der Leichtathletik. Köln 29 (1990), 30, 20-21 (In: Leichtathletik Nr. 40/90).

VOSS, G.: Zur Gestaltung eines azyklischen Schnelligkeitstrainings in den Sprungdisziplinen. In: Lehre der Leichtathletik. Köln 29 (1990), 32, 21-22 (In: Leichtathletik Nr. 42/90).

VOSS, G.: Zur Ausbildung elementarer neuromuskulärer Bewegungsprogramme. In: Leistungssport. Münster 21 (1991), 1, 47-50.

VOSS, G.: Einige Anmerkungen zum Beitrag von Tabachnik: „Neue effektive Mittel für die Ausbildung der Sprintschnelligkeit." In: Leistungssport. Münster 21 (1991), 1, 54.

VOSS, G.: Elementare neuromuskuläre Bewegungsprogramme — eine Leistungsvoraussetzung für leichtathletische Sprungbewegungen. In: Leistungssport. Münster 21 (1991), 2, 40-44.

VOSS,G./BARTSCH, U./SCHILLER, T.: Zur Widerspiegelung der Zeitprogramme der Wettkampfübung in Trainingsübungen im leichtathletischen Sprung. Leipzig, DHfK, Ergebnisbericht 1986.

VOSS, G./BAUERSFELD, M.: Zu Beziehungen zwischen Zeitprogramm und Kraftvoraussetzungen. Leipzig, DHfK, Ergebnisbericht 1985.

VOSS, G./BEHREND, R.: Zu Möglichkeiten der Objektivierung neuromuskulärer Steuer- und Regelleistungen unter Berücksichtigung disziplingruppenspezifischer Anforderungen der DG Sprung. Leipzig, DHfK, Ergebnisbericht 1989.

VOSS, G./BLÜMEL, G./KUPPARDT, H./JANKOWSKI, C./KLEIBERT, G./FRANKE, D./STACHE, H.-J./ZACHERT, F./KREUTZMAN, K.: Überprüfung der Möglichkeit zur Entwicklung kurzer Zeitprogramme beim Nieder-Hoch-Sprung mit Elektromyostimulation (Pilotuntersuchung). Leipzig, DHfK-FKS, Ergebnisbericht 1988.

VOSS, G./KRAUSE, T.: Zu den Beziehungen zwischen elementaren Bewegungsprogrammen als einem Ausdruck der Schnelligkeit und grundlegenden neuromuskulären Voraussetzungen. In: Leistungssport. Münster 21 (1991), 1, 24-28.

WEIDNER, H.: Belastungskatalog für die Entwicklung der Schnelligkeit im Eisschnellauf-Sprint. Leipzig, DHfK, Diplomarbeit 1979.

WEITH, K.: Entwicklung eines Test- und Kontrollsystems zur Erfassung von Schnelligkeits-, Schnelligkeitsausdauer- und Schnellkraftfähigkeiten im Rudern der Altersklasse 11-13. Leipzig, DHfK, Diplomarbeit 1988.

WERNER, U.: Untersuchungen über das Frequenz- und Schnellkraftverhalten unterschiedlicher Teilkörperbewegungen. Leipzig, DHfK, Diplomarbeit 1979.

WICK, J.: Untersuchung zur Stellung, zum Ausprägungsgrad und zum Training der Reaktionsleistung hinsichtlich der Erhöhung der Handlungsschnelligkeit und -genauigkeit im Schießen im Biathlon. Leipzig, DHfK, Dissertation A 1990.

WITTEKOPF, G./BAUERSFELD, M.: Zur Bedeutung und Ausprägung neuromuskulärer Steuer- und Regelmechanismen zur Herausbildung kurzer Zeitprogramme. Leipzig, DHfK, Ergebnisbericht 1985.

WITTEKOPF, G./GUNDLACH, O./BAUERSFELD, M.: Zur Bedeutung und Ausprägung neuromuskulärer Innervationscharakteristika zur Herausbildung kurzer Zeitprogramme (am Beispiel des NHS im Grundlagentraining im Geräturnen). Leipzig, DHfK, Ergebnisbericht 1986.

WULF, H.: Die Entwicklung von Schnelligkeitsprogrammen im Bereich Volleyball der 1. Förderstufe. Leipzig, DHfK, Diplomarbeit 1980.

WUNDERLICH, J.: Untersuchungen zur methodischen Gestaltung konditioneller und technisch-taktischer Ausbildung unter schnelligkeitsorientiertem Aspekt in der 1. Förderstufe des DFV der DDR. Leipzig, DHfK, Diplomarbeit 1987.

ZIMMER, M.: Reaktives Training. Leipzig, FKS, Ergebnisbericht 1974.

ZIMMERMANN, B.: Theoretische Positionen und methodische Lösungen zur Gestaltung der Schnelligkeitsausbildung im Aufbautraining Volleyball. In: Theorie und Praxis des Leistungssports. Berlin 22 (1984), 7/8, 167-178.

ZEMPEL, U./LEIPOLD, A./RUDOLPH, H./WALES, Th.: Ergebnisse und Erkenntnisse aus einem Trainingsexperiment zum schnelligkeitsorientierten Training im Grundlagenbereich des DFV der DDR. In: Theorie und Praxis des Leistungssports. Berlin 27 (1989), 6, 34-46.

ZEMPEL, U./WALES, Th.: Analyse der Entwicklung von Schnelligkeitsleistungen der Altersklasse 12-14 im Fußball. Leipzig, DHfK, Ergebnisbericht 1986.

ZINTL, F.: Biologische Grundlagen zum Training von Kraft-, Schnellkraft- und Schnelligkeitsleistungen in der Leichtathletik. In: Die Lehre der Leichtathletik. Berlin (West) 28 (1989), 21/22, 1-4.

Neues aus Sportwissenschaft und Sportpraxis

Die Zeitschrift, die Ihnen über Ihre Spezial-Sportart hinaus praxisrelevante Hintergrundinformationen für Ihre Trainertätigkeit bietet.

„Leistungssport" liefert praxisbezogene Informationen über neue Erkenntnisse der Sportwissenschaft und übertragbare Untersuchungsergebnisse aus anderen Sportdisziplinen. Besonderer Wert wird dabei auf die Verwertbarkeit der Beiträge für die Praxis gelegt.
In der Rubrik „Trainerforum" erhalten Praktiker die Möglichkeit, über ihre Erfahrungen in Trainingsplanung und –durchführung zu berichten. In der Rubrik „Aus Bundestrainer-Seminaren" werden Beiträge veröffentlicht, die im Rahmen der Bundestrainer-Fortbildung eine besondere Resonanz erfuhren.

Die ständigen Themen
Beiträge zu neuen Aspekten der
● Trainingswissenschaft ● Trainingslehre ● Sportpsychologie
● Biomechanik ● Sportpädagogik ● Sportmedizin

Philippka-Verlag
Postfach 6540
D-4400 Münster
Tel. 02 51/2 30 05-0
Fax 2 30 05-99

Jahresabonnement (6 Hefte) **DM 48,–,**
Ausland DM 54,–
Ein Probeheft erhalten Sie gegen Einsendung einer Schutzgebühr von DM 3,– in 1-DM-Briefmarken.